GRöLS
Verlage

„Bücher sind wie Fallschirme. Sie nützen uns nichts, wenn wir sie nicht öffnen."

Gröls Verlag

Redaktionelle Hinweise und Impressum

Das vorliegende Werk wurde zugunsten der Authentizität sehr zurückhaltend bearbeitet. So wurden etwa ursprüngliche Rechtschreibfehler *nicht* systematisch behoben, denn kleine Unvollkommenheiten machen das Buch – wie im Übrigen den Menschen – erst authentisch. Mitunter wurden jedoch zum Beispiel Absätze behutsam neu getrennt, um den Lesefluss zu erleichtern.

Um die Texte zu rekonstruieren, werden antiquarische Bücher von Lesegeräten gescannt und dann durch eine Software lesbar gemacht. Der so entstandene Text wird von Menschen gegengelesen und korrigiert – hierbei treten auch Fehler auf. Wenn Sie ebenfalls antiquarische Texte einreichen möchten, finden Sie weitere Informationen auf www.groels.de

Viel Freude bei der Lektüre wünscht Ihnen das Team des Gröls-Verlags.

Adressen

Verleger: Sophia Gröls, Im Borngrund 26, 61440 Oberursel

Externer Dienstleister für Distribution & Herstellung: BoD, In de Tarpen 42, 22848 Norderstedt

Unsere „Edition | Werke der Weltliteratur" hat den Anspruch, eine der größten und vollständigsten Sammlungen klassischer Literatur in deutscher Sprache zu sein. Nach und nach versammeln wir hier nicht nur die „üblichen Verdächtigen" von Goethe bis Schiller, sondern auch Kleinode der vergangenen Jahrhunderte, die – zu Unrecht – drohen, in Vergessenheit zu geraten. Wir kultivieren und kuratieren damit einen der wertvollsten Bereiche der abendländischen Kultur. Kleine Auswahl:

Francis Bacon • Neues Organon • **Balzac** • Glanz und Elend der Kurtisanen • **Joachim H. Campe** • Robinson der Jüngere • **Dante Alighieri** • Die Göttliche Komödie • **Daniel Defoe** • Robinson Crusoe • **Charles Dickens** • Oliver Twist • **Denis Diderot** • Jacques der Fatalist • **Fjodor Dostojewski** • Schuld und Sühne • **Arthur Conan Doyle** • Der Hund von Baskerville • **Marie von Ebner-Eschenbach** • Das Gemeindekind • **Elisabeth von Österreich** • Das Poetische Tagebuch • **Friedrich Engels** • Die Lage der arbeitenden Klasse • **Ludwig Feuerbach** • Das Wesen des Christentums • **Johann G. Fichte** • Reden an die deutsche Nation • **Fitzgerald** • Zärtlich ist die Nacht • **Flaubert** • Madame Bovary • **Gorch Fock** • Seefahrt ist not! • **Theodor Fontane** • Effi Briest • **Robert Musil** • Über die Dummheit • **Edgar Wallace** • Der Frosch mit der Maske • **Jakob Wassermann** • Der Fall Maurizius • **Oscar Wilde** • Das Bildnis des Dorian Grey • **Émile Zola** • Germinal • **Stefan Zweig** • Schachnovelle • **Hugo von Hofmannsthal** • Der Tor und der Tod • **Anton Tschechow** • Ein Heiratsantrag • **Arthur Schnitzler** • Reigen • **Friedrich Schiller** • Kabale und Liebe • **Nicolo Machiavelli** • Der Fürst • **Gotthold E. Lessing** • Nathan der Weise • **Augustinus** • Die Bekenntnisse des heiligen Augustinus • **Marcus Aurelius** • Selbstbetrachtungen • **Charles Baudelaire** • Die Blumen des Bösen • **Harriett Stowe** • Onkel Toms Hütte • **Walter Benjamin** • Deutsche Menschen • **Hugo Bettauer** • Die Stadt ohne Juden • **Lewis Caroll** • *und viele mehr….*

Immanuel Kant

Träume eines Geistersehers

erläutert durch

Träume der Metaphysik

Inhalt

Ein Vorbericht, der sehr wenig für die Ausführung verspricht.

Das Schattenreich ist das Paradies der Phantasten. Hier finden sie ein unbegränztes Land, wo sie sich nach Belieben anbauen können. Hypochondrische Dünste, Ammenmärchen und Klosterwunder lassen es ihnen an Bauzeug nicht ermangeln. Die Philosophen zeichnen den Grundriß und ändern ihn wiederum oder verwerfen ihn, wie ihre Gewohnheit ist. Nur das heilige *Rom* hat daselbst einträgliche Provinzen; die zwei Kronen des unsichtbaren Reichs stützen die dritte, als das hinfällige Diadem seiner irdischen Hoheit, und die Schlüssel, welche die beide Pforten der andern Welt aufthun, öffnen zugleich sympathetisch die Kasten der gegenwärtigen. Dergleichen Rechtsame des Geisterreichs, in so fern es durch die Gründe der Staatsklugheit bewiesen ist, erheben sich weit über alle ohnmächtige Einwürfe der Schulweisen, und ihr Gebrauch oder Mißbrauch ist schon zu ehrwürdig, als daß er sich einer so verworfenen Prüfung auszusetzen nöthig hätte. Allein die gemeine Erzählungen, die so viel Glauben finden und wenigstens so schlecht bestritten sind, weswegen laufen die so ungenützt oder ungeahndet umher und schleichen sich selbst in die Lehrverfassungen ein, ob sie gleich den Beweis vom

Vortheil hergenommen (argumentum ab utili) nicht für sich haben, welcher der überzeugendste unter allen ist? Welcher Philosoph hat nicht einmal zwischen den Betheurungen eines vernünftigen und fest überredeten Augenzeugen und der inneren Gegenwehr eines unüberwindlichen Zweifels die einfältigste Figur gemacht, die man sich vorstellen kann? Soll er die Richtigkeit aller solcher Geistererscheinungen gänzlich abläugnen? Was kann er für Gründe anführen, sie zu widerlegen?

Soll er auch nur eine einzige dieser Erzählungen als wahrscheinlich einräumen? Wie wichtig wäre ein solches Geständniß, und in welche erstaunliche Folgen sieht man hinaus, wenn auch nur *eine* solche Begebenheit als bewiesen vorausgesetzt werden könnte! Es ist wohl noch ein dritter Fall übrig, nämlich sich mit dergleichen vorwitzigen oder *müßigen* Fragen gar nicht zu bemengen und sich an das *Nützliche* zu halten. Weil dieser Anschlag aber vernünftig ist, so ist er jederzeit von gründlichen Gelehrten durch die Mehrheit der Stimmen verworfen worden.

Da es eben so wohl ein dummes Vorurtheil ist, von vielem, das mit einigem Schein der Wahrheit erzählt wird, ohne Grund *Nichts* zu glauben, als von dem, was das gemeine Gerücht sagt, ohne Prüfung *Alles* zu glauben, so ließ sich der Verfasser dieser Schrift, um dem ersten Vorurtheile auszuweichen, zum Theil von dem letzteren fortschleppen. Er bekennt mit einer gewissen Demüthigung, daß er so treuherzig war, der Wahrheit einiger Erzählungen von der erwähnten Art nachzuspüren. Er fand – – – wie gemeiniglich, wo man nichts zu suchen hat – – – er fand nichts. Nun ist dieses wohl an sich selbst schon eine hinlängliche Ursache, ein Buch zu schreiben; allein es kam noch dasjenige hinzu, was bescheidenen Verfassern schon mehrmals Bücher abgedrungen hat, das ungestüme Anhalten bekannter und unbekannter Freunde. Überdem war ein großes Werk gekauft und, welches noch schlimmer ist, gelesen worden, und diese Mühe sollte nicht verloren sein. Daraus entstand nun die gegenwärtige Abhandlung, welche, wie man sich schmeichelt, den Leser nach der Beschaffenheit der Sache völlig befriedigen soll, indem er das Vornehmste nicht verstehen, das andere nicht glauben, das übrige aber belachen wird.

Der erste Theil

,welcher dogmatisch ist.

Erstes Hauptstück.

Ein verwickelter metaphysischer Knoten, den man nach Belieben auflösen oder abhauen kann.

Wenn alles dasjenige, was den Geistern der Schulknabe herbetet, der große Haufe erzählt und der Philosoph demonstrirt, zusammen genommen wird, so scheint es keinen kleinen Theil von unserm Wissen auszumachen. Nichts destoweniger getraue ich mich zu behaupten, daß, wenn es jemand einfiele, sich bei der Frage etwas zu verweilen, was denn das eigentlich für ein Ding sei, wovon man unter dem Namen eines *Geistes* so viel zu verstehen glaubt, er alle diese Vielwisser in die beschwerlichste Verlegenheit versetzen würde. Das methodische Geschwätz der hohen Schulen ist oftmals nur ein Einverständniß, durch veränderliche Wortbedeutungen einer schwer zu lösenden Frage auszuweichen, weil das bequeme und mehrentheils vernünftige: *Ich weiß nicht,* auf Akademien nicht leichtlich gehört wird. Gewisse neuere Weltweisen, wie sie sich gerne nennen lassen, kommen sehr leicht über diese Frage hinweg. Ein Geist, heißt es, ist ein Wesen, welches Vernunft hat. So ist es denn also keine Wundergabe Geister zu sehen; denn wer Menschen sieht, der sieht Wesen, die Vernunft haben. Allein, fährt man fort, dieses Wesen, was im Menschen Vernunft hat, ist nur ein Theil vom Menschen, und dieser Theil, der ihn belebt, ist ein Geist. Wohlan denn: ehe ihr also beweiset, daß nur ein geistiges Wesen Vernunft haben könne, so sorget doch, daß ich zuvörderst verstehe, was ich mir unter einem geistigen Wesen für einen Begriff zu machen habe. Diese Selbsttäuschung, ob sie gleich grob genug ist, um mit halb offenen Augen bemerkt zu werden, ist doch von sehr begreiflichem Ursprunge. Denn wovon man frühzeitig als ein Kind sehr viel weiß, davon ist man sicher, später hin und im Alter nichts zu wissen, und der Mann der Gründlichkeit wird zuletzt höchstens der Sophist seines Jugendwahnes.

Ich weiß also nicht, ob es Geister gebe, ja was noch mehr ist, ich weiß nicht einmal, was das Wort *Geist* bedeute. Da ich es indessen oft selbst gebraucht oder andere habe brauchen hören, so muß doch etwas darunter verstanden werden, es mag nun dieses Etwas ein Hirngespinst oder was Wirkliches sein. Um diese versteckte Bedeutung auszuwickeln, so halte ich meinen schlecht verstandenen Begriff an allerlei Fälle der Anwendung, und dadurch, daß ich bemerke, auf welchen er trifft und welchem er zuwider ist, verhoffe ich dessen verborgenen Sinn zu entfalten.

Nehmet etwa einen Raum von einem Kubikfuß und setzet, es sei etwas, das diesen Raum erfüllt, d. i. dem Eindringen jedes andern Dinges widersteht, so wird niemand das Wesen, was auf solche Weise im Raum ist, *geistig* nennen. Es würde offenbar *materiell* heißen, weil es ausgedehnt, undurchdringlich und wie alles Körperliche der Theilbarkeit und den Gesetzen des Stoßes unterworfen ist. Bis dahin sind wir noch auf dem gebähnten Gleise anderer Philosophen. Allein denket euch ein einfaches Wesen und gebet ihm zugleich Vernunft: wird dies alsdann die Bedeutung des Wortes *Geist* gerade ausfüllen? Damit ich dieses entdecke, so will ich die Vernunft dem besagten einfachen Wesen als eine *innere* Eigenschaft lassen, für jetzt es aber nur in *äußeren* Verhältnissen betrachten. Und nunmehr frage ich: wenn ich diese einfache Substanz in jenen Raum vom Kubikfuß, der voll Materie ist, setzen will, wird alsdann ein einfaches Element derselben den Platz räumen müssen, damit ihn dieser Geist erfülle? Meinet ihr, ja? Wohlan, so wird der gedachte Raum, um einen zweiten Geist einzunehmen, ein zweites Elementartheilchen verlieren müssen, und so wird endlich, wenn man fortfährt, ein Kubikfuß Raum von Geistern erfüllt sein, deren Klumpe eben so wohl durch Undurchdringlichkeit widersteht, als wenn er voll Materie wäre, und eben so wie diese der Gesetze des Stoßes fähig sein muß. Nun würden aber dergleichen Substanzen, ob sie gleich in sich Vernunftkraft haben mögen, doch äußerlich von den Elementen der Materie gar nicht unterschieden sein, bei denen man auch nur die Kräfte ihrer äußeren Gegenwart kennt und, was zu ihren inneren Eigenschaften gehören mag, gar nicht weiß. Es ist also außer Zweifel, daß eine solche Art einfacher Substanzen nicht geistige Wesen heißen würden, davon Klumpen zusammengeballt werden könnten. Ihr werdet also den Begriff eines Geistes nur beibehalten können, wenn ihr euch Wesen gedenkt, die sogar in einem von Materie erfüllten Raume gegenwärtig sein können; Wesen also, welche die Eigenschaft der Undurchdringlichkeit nicht an sich haben, und deren so viele, als man auch will, vereinigt niemals ein solides Ganze ausmachen. Einfache Wesen von dieser Art werden immaterielle Wesen und, wenn sie Vernunft haben, Geister genannt werden. Einfache Substanzen aber, deren Zusammensetzung ein undurchdringliches und ausgedehntes Ganze giebt, werden materielle Einheiten, ihr Ganzes aber Materie heißen. Entweder der Name eines Geistes ist ein Wort ohne allen Sinn, oder seine Bedeutung ist die angezeigte.

Von der Erklärung, was der Begriff eines Geistes enthalte, ist der Schritt noch ungemein weit zu dem Satze, daß solche Naturen wirklich, ja auch nur möglich seien. Man findet in den Schriften der Philosophen recht gute Beweise, darauf man sich verlassen kann: daß alles, was da denkt, einfach sein müsse, daß eine jede vernünftigdenkende Substanz eine Einheit der Natur sei, und das untheilbare Ich nicht könne in einem Ganzen von viel verbundenen Dingen vertheilt sein. Meine Seele wird also eine einfache Substanz sein. Aber es bleibt durch diesen Beweis noch immer unausgemacht, ob sie von der Art derjenigen sei, die in dem Raume vereinigt ein ausgedehntes und undurchdringliches Ganze geben, und also materiell, oder ob sie immateriell und folglich ein Geist sei, ja sogar, ob eine solche Art Wesen als diejenige, so man *geistige* nennt, nur möglich sei.

Und hiebei kann ich nicht umhin vor übereilten Entscheidungen zu warnen, welche in den tiefsten und dunkelsten Fragen sich am leichtesten eindringen. Was nämlich zu den gemeinen Erfahrungsbegriffen gehört, das pflegt man gemeiniglich so anzusehen, als ob man auch seine Möglichkeit einsehe. Dagegen was von ihnen abweicht und durch keine Erfahrung auch nicht einmal der Analogie nach verständlich gemacht werden kann, davon kann man sich freilich keinen Begriff machen, und darum pflegt man es gerne als unmöglich sofort zu verwerfen. Alle Materie widersteht in dem Raume ihrer Gegenwart und heißt darum undurchdringlich. Daß dieses geschehe, lehrt die Erfahrung, und die Abstraction von dieser Erfahrung bringt in uns auch den allgemeinen Begriff der Materie hervor. Dieser Widerstand aber, den Etwas in dem Raume seiner Gegenwart leistet, ist auf solche Weise wohl *erkannt*, allein darum nicht *begriffen*. Denn es ist derselbe, so wie alles, was einer Thätigkeit entgegenwirkt, eine wahre Kraft, und da ihre Richtung derjenigen entgegen steht, wornach die fortgezogne Linien der *Annäherung* zielen, so ist sie eine Kraft der *Zurückstoßung*, welche der Materie und folglich auch ihren Elementen muß beigelegt werden. Nun wird sich ein jeder Vernünftige bald bescheiden, daß hier die menschliche Einsicht zu Ende sei. Denn nur durch die Erfahrung kann man inne werden, daß Dinge der Welt, welche wir *materiell* nennen, eine solche Kraft haben, niemals aber die Möglichkeit derselben begreifen. Wenn ich nun Substanzen anderer Art setze, die mit andern Kräften im Raume gegenwärtig sind, als mit jener *treibenden* Kraft, deren Folge die Undurchdringlichkeit ist, so kann ich freilich eine Thätigkeit derselben, welche keine Analogie mit meinen Erfahrungsvorstellungen hat, gar nicht in concreto denken, und indem ich ihnen die Eigenschaft nehme, den Raum, in dem sie wirken, zu *erfüllen*, so steht mir ein Begriff ab, wodurch mir sonst die Dinge denklich sind, welche in meine Sinne fallen, und es muß daraus nothwendig eine Art von Undenklichkeit entspringen. Allein diese kann darum nicht als eine erkannte Unmöglichkeit angesehen werden, eben darum weil das Gegentheil seiner Möglichkeit nach gleichfalls uneingesehen bleiben wird, obzwar dessen Wirklichkeit in die Sinne fällt.

Man kann demnach die Möglichkeit immaterieller Wesen annehmen ohne Besorgniß, widerlegt zu werden, wiewohl auch ohne Hoffnung, diese Möglichkeit durch Vernunftgründe beweisen zu können. Solche geistige Naturen würden im Raume gegenwärtig sein, so daß derselbe dem ungeachtet für körperliche Wesen immer durchdringlich bliebe, weil ihre Gegenwart wohl eine *Wirksamkeit* im Raume, aber nicht dessen *Erfüllung,* d. i. einen Widerstand, als den Grund der Solidität enthielte. Nimmt man nun eine solche *einfache* geistige Substanz an, so würde man unbeschadet ihrer Untheilbarkeit sagen können: daß der Ort ihrer unmittelbaren Gegenwart nicht ein Punkt, sondern selbst ein Raum sei. Denn um die Analogie zu Hülfe zu rufen, so müssen nothwendig selbst die einfachen Elemente der Körper ein jegliches ein Räumchen in dem Körper erfüllen, der ein proportionirter Theil seiner ganzen Ausdehnung ist, weil Punkte gar nicht Theile, sondern Grenzen des Raumes sind. Da diese Erfüllung des Raumes vermittelst einer wirksamen Kraft (der Zurückstoßung) geschieht und also nur einen Umfang der größeren Thätigkeit, nicht aber eine Vielheit der Bestandtheile des wirksamen Subjects anzeigt, so widerstreitet sie gar nicht der einfachen Natur desselben, obgleich freilich die Möglichkeit hievon nicht weiter kann deutlich gemacht werden, welches niemals bei den ersten Verhältnissen der Ursachen und Wirkungen angeht. Eben so wird mir zum wenigsten keine erweisliche Unmöglichkeit entgegen stehen, obschon die Sache selbst unbegreiflich bleibt, wenn ich behaupte: daß eine geistige Substanz, ob sie gleich einfach ist, dennoch einen Raum *einnehme* (d. i. in ihm unmittelbar thätig sein könne), ohne ihn zu *erfüllen* (d. i. materiellen Substanzen darin Widerstand zu leisten). Auch würde eine solche immaterielle Substanz nicht ausgedehnt genannt werden müssen, so wenig wie es die Einheiten der Materie sind; denn nur dasjenige, was abgesondert von allem und *für sich* allein existirend einen Raum einnimmt, ist *ausgedehnt*; die Substanzen aber, welche Elemente der Materie sind, nehmen einen Raum nur durch die *äußere* Wirkung in andere ein, für sich besonders aber, wo keine andre Dinge in Verknüpfung mit ihnen gedacht werden, und da in ihnen selbst auch nichts außer einander Befindliches anzutreffen ist, enthalten sie keinen Raum. Dieses gilt von Körperelementen. Dieses würde auch von geistigen Naturen gelten. Die Grenzen der Ausdehnung bestimmen die Figur. An ihnen würde also keine Figur gedacht werden können. Dieses sind schwer einzusehende Gründe der vermutheten Möglichkeit immaterieller Wesen in dem Weltganzen. Wer im Besitze leichterer Mittel ist, die zu dieser Einsicht führen können, der versage seinen Unterricht einem Lehrbegierigen nicht, vor dessen Augen im Fortschritt der Untersuchung sich öfters Alpen erheben, wo andere einen ebenen und gemächlichen Fußsteig vor sich sehen, den sie fortwandern oder zu wandern glauben.

Gesetzt nun, man hätte bewiesen, die Seele des Menschen sei ein Geist (wiewohl aus dem vorigen zu sehen ist, daß ein solcher Beweis noch niemals geführt worden), so würde die nächste Frage, die man thun könnte, etwa diese sein: Wo ist der Ort dieser menschlichen Seele in der Körperwelt? Ich würde antworten: Derjenige Körper, dessen Veränderungen *meine* Veränderungen sind, dieser Körper ist *mein* Körper, und der Ort desselben ist zugleich *mein* Ort. Setzt man die Frage weiter fort: Wo ist denn *dein* Ort (der Seele) in diesem Körper?, so würde ich etwas Verfängliches in dieser Frage vermuthen. Denn man bemerkt leicht, daß darin etwas schon vorausgesetzt werde, was nicht durch Erfahrung bekannt ist, sondern vielleicht auf eingebildeten Schlüssen beruht: nämlich daß mein denkendes Ich in einem Orte sei, der von den Örtern anderer Theile desjenigen Körpers, der zu meinem Selbst gehört, unterschieden wäre. Niemand aber ist sich eines besondern Orts in seinem Körper unmittelbar bewußt, sondern desjenigen, den er als Mensch in Ansehung der Welt umher einnimmt. Ich würde mich also an der gemeinen Erfahrung halten und vorläufig sagen: Wo ich empfinde, da *bin* ich. Ich bin eben so unmittelbar in der Fingerspitze wie in dem Kopfe. Ich bin es selbst, der in der Ferse leidet und welchem das Herz im Affecte klopft. Ich fühle den schmerzhaften Eindruck nicht an einer Gehirnnerve, wenn mich mein Leichdorn peinigt, sondern am Ende meiner Zehen. Keine Erfahrung lehrt mich einige Theile meiner Empfindung von mir für entfernt zu halten, mein untheilbares Ich in ein mikroskopisch kleines Plätzchen des Gehirnes zu versperren, um von da aus den Hebezeug meiner Körpermaschine in Bewegung zu setzen, oder dadurch selbst getroffen zu werden. Daher würde ich einen strengen Beweis verlangen, um dasjenige ungereimt zu finden, was die Schullehrer sagten: *Meine Seele ist ganz im ganzen Körper und ganz in jedem seiner Theile*. Der gesunde Verstand bemerkt oft die Wahrheit eher, als er die Gründe einsieht, dadurch er sie beweisen oder erläutern kann. Der Einwurf würde mich auch nicht gänzlich irre machen, wenn man sagte, daß ich auf solche Art die Seele ausgedehnt und durch den ganzen Körper verbreitet gedächte, so ungefähr wie sie den Kindern in der *gemalten* Welt abgebildet wird. Denn ich würde diese Hinderniß dadurch wegräumen, daß ich bemerkte: die unmittelbare Gegenwart in einem ganzen Raume beweise nur eine Sphäre der äußeren Wirksamkeit, aber nicht eine Vielheit innerer Theile, mithin auch keine Ausdehnung oder Figur, als welche nur statt finden, wenn in einem Wesen *für sich allein gesetzt* ein Raum ist, d. i. Theile anzutreffen sind, die sich außerhalb einander befinden. Endlich würde ich entweder dieses wenige von der geistigen Eigenschaft meiner Seele wissen, oder, wenn man es nicht einwilligte, auch zufrieden sein, davon gar nichts zu wissen.

Wollte man diesen Gedanken die Unbegreiflichkeit, oder, welches bei den meisten für einerlei gilt, ihre Unmöglichkeit vorrücken, so könnte ich es auch geschehen lassen. Alsdann würde ich mich zu den Füßen dieser Weisen niederlassen, um sie also reden zu hören: Die Seele des Menschen hat ihren Sitz im Gehirne, und ein unbeschreiblich kleiner Platz in demselben ist ihr Aufenthalt. Daselbst empfindet sie wie die Spinne im Mittelpunkte ihres Gewebes. Die Nerven des Gehirnes stoßen oder erschüttern sie, dadurch verursachen sie aber, daß nicht dieser unmittelbare Eindruck, sondern der, so auf ganz entlegene Theile des Körpers geschieht, jedoch als ein außerhalb dem Gehirne gegenwärtiges Object vorgestellt wird. Aus diesem Sitze bewegt sie auch die Seile und Hebel der ganzen Maschine und verursacht willkürliche Bewegungen nach ihrem Belieben. Dergleichen Sätze lassen sich nur sehr seichte, oder gar nicht beweisen und, weil die Natur der Seele im Grunde nicht bekannt gnug ist, auch nur eben so schwach widerlegen. Ich würde also mich in keine Schulgezänke einlassen, wo gemeiniglich beide Theile alsdann am meisten zu sagen haben, wenn sie von ihrem Gegenstande gar nichts verstehen; sondern ich würde lediglich den Folgerungen nachgehen, auf die mich eine Lehre von dieser Art leiten kann. Weil also nach den mir angepriesenen Sätzen meine Seele, in der Art wie sie im Raume gegenwärtig ist, von jedem Element der Materie nicht unterschieden wäre, und die Verstandeskraft eine innere Eigenschaft ist, welche ich in diesen Elementen doch nicht wahrnehmen könnte, wenn gleich selbige in ihnen allen angetroffen würde, so könnte kein tauglicher Grund angeführt werden, weswegen nicht meine Seele eine von den Substanzen sei, welche die Materie ausmachen, und warum nicht ihre besondere Erscheinungen lediglich von dem Orte herrühren sollten, den sie in einer künstlichen Maschine, wie der thierische Körper ist, einnimmt, wo die Nervenvereinigung der inneren Fähigkeit des Denkens und der Willkür zu statten kommt. Alsdann aber würde man kein eigenthümliches Merkmal der Seele mehr mit Sicherheit erkennen, welches sie von dem rohen Grundstoffe der körperlichen Naturen unterschiede, und Leibnizens scherzhafter Einfall, nach welchem wir vielleicht im Kaffee Atomen verschluckten woraus Menschenleben werden sollen, wäre nicht mehr ein Gedanke zum Lachen. Würde aber auf solchen Fall dieses denkende Ich nicht dem gemeinen Schicksale materieller Naturen unterworfen sein, und, wie es durch den Zufall aus dem Chaos aller Elemente gezogen worden, um eine thierische Maschine zu beleben, warum sollte es, nachdem diese zufällige Vereinigung aufgehört hat, nicht auch künftig dahin wiederum zurückkehren? Es ist bisweilen nöthig den Denker, der auf unrechtem Wege ist, durch die Folgen zu erschrecken, damit er aufmerksamer auf die Grundsätze werde, durch welche er sich gleichsam träumend hat fortführen lassen.

Ich gestehe, daß ich sehr geneigt sei, das Dasein immaterieller Naturen in der Welt zu behaupten und meine Seele selbst in die Klasse dieser Wesen zu versetzen. Alsdann aber, wie geheimnißvoll wird nicht die Gemeinschaft zwischen einem Geiste und einem Körper? Aber wie natürlich ist nicht zugleich diese Unbegreiflichkeit, da unsere Begriffe äußerer Handlungen von denen der Materie abgezogen worden und jederzeit mit den Bedingungen des Druckes oder Stoßes verbunden sind, die hier nicht stattfinden? Denn wie sollte wohl eine immaterielle Substanz der Materie im Wege liegen, damit diese in ihrer Bewegung auf einen Geist stoße, und wie können körperliche Dinge Wirkungen auf ein fremdes Wesen ausüben, das ihnen nicht Undurchdringlichkeit entgegen stellt, oder welches sie auf keine Weise hindert, sich in demselben Raume, darin es gegenwärtig ist, zugleich zu befinden? Es scheint, ein geistiges Wesen sei der Materie innigst gegenwärtig, mit der es verbunden ist, und wirke nicht auf diejenige Kräfte der Elemente, womit diese untereinander in Verhältnissen sind, sondern auf das innere Principium ihres Zustandes. Denn eine jede Substanz, selbst ein einfaches Element der Materie muß doch irgend eine innere Thätigkeit als den Grund der äußerlichen Wirksamkeit haben, wenn ich gleich nicht anzugeben weiß, worin solche bestehe. Andererseits würde bei solchen Grundsätzen die Seele auch in diesen inneren Bestimmungen als Wirkungen den Zustand des Universum anschauend erkennen, der die Ursache derselben ist. Welche Nothwendigkeit aber verursache, daß ein Geist und ein Körper zusammen Eines ausmache, und welche Gründe bei gewissen Zerstörungen diese Einheit wiederum aufheben, diese Fragen übersteigen nebst verschiedenen andern sehr weit meine Einsicht, und wie wenig ich auch sonst dreiste bin, meine Verstandesfähigkeit an den Geheimnissen der Natur zu messen, so bin ich gleichwohl zuversichtlich gnug, keinen noch so fürchterlich ausgerüsteten Gegner zu scheuen (wenn ich sonst einige Neigung zum Streiten hätte), um in diesem Falle mit ihm den Versuch der Gegengründe im *Widerlegen* zu machen, der bei den Gelehrten eigentlich die Geschicklichkeit ist, einander das Nichtwissen zu demonstriren.

Zweites Hauptstück.

Ein Fragment der geheimen Philosophie, die Gemeinschaft mit der Geisterwelt zu eröffnen.

Der Initiat hat schon den groben und an den äußerlichen Sinnen klebenden Verstand zu höhern und abgezogenen Begriffen gewöhnt, und nun kann er geistige und von körperlichem Zeuge enthüllte Gestalten in derjenigen Dämmerung sehen, womit das schwache Licht der Metaphysik das Reich der Schatten sichtbar macht. Wir wollen daher nach der beschwerlichen Vorbereitung, welche überstanden ist, uns auf den gefährlichen Weg wagen.

Ibant obscuri sola sub nocte per umbras,
Perque domos Ditis vacuas et inania regna.

VIRGILIUS.

Die *todte* Materie, welche den Weltraum erfüllt, ist ihrer eigenthümlichen Natur nach im Stande der Trägheit und der Beharrlichkeit in einerlei Zustande, sie hat Solidität, Ausdehnung und Figur, und ihre Erscheinungen, die auf allen diesen Gründen beruhen, lassen eine *physische* Erklärung zu, die zugleich mathematisch ist, und zusammen *mechanisch* genannt wird. Wenn man andererseits seine Achtsamkeit auf diejenige Art Wesen richtet, welche den Grund des *Lebens* in dem Weltganzen enthalten, die um deswillen nicht von der Art sind, daß sie als Bestandtheile den Klumpen und die Ausdehnung der leblosen Materie vermehren, noch von ihr nach den Gesetzen der Berührung und des Stoßes leiden, sondern vielmehr durch innere Thätigkeit sich selbst und überdem den todten Stoff der Natur rege machen, so wird man, wo nicht mit der Deutlichkeit einer Demonstration, doch wenigstens mit der Vorempfindung eines nicht ungeübten Verstandes sich von dem Dasein immaterieller Wesen überredet finden, deren besondere Wirkungsgesetze *pneumatisch* und, so fern die körperliche Wesen Mittelursachen ihrer Wirkungen in der materiellen Welt sind, *organisch* genannt werden. Da diese immaterielle Wesen selbstthätige Principien sind, mithin Substanzen und für sich bestehende Naturen, so ist diejenige Folge, auf die man zunächst geräth, diese: daß sie untereinander, unmittelbar vereinigt, vielleicht ein großes Ganze ausmachen mögen, welches man die immaterielle Welt (mundus intelligibilis) nennen kann.

Denn mit welchem Grunde der Wahrscheinlichkeit wollte man wohl behaupten, daß dergleichen Wesen von einander ähnlicher Natur nur vermittelst anderer (körperlichen Dinge) von fremder Beschaffenheit in Gemeinschaft stehen könnten, indem dieses letztere noch viel räthselhafter als das erste ist?

Diese *immaterielle* Welt kann also als ein für sich bestehendes Ganze angesehen werden, deren Theile untereinander in wechselseitiger Verknüpfung und Gemeinschaft stehen, auch ohne Vermittelung körperlicher Dinge, so daß dieses letztere Verhältniß zufällig ist und nur einigen zukommen darf, ja, wo es auch angetroffen wird, nicht hindert, daß nicht eben die immaterielle Wesen, welche durch die Vermittelung der Materie ineinander wirken, außer diesem noch in einer besondern und durchgängigen Verbindung stehen und jederzeit untereinander als immaterielle Wesen wechselseitige Einflüsse ausüben, so daß das Verhältniß derselben vermittelst der Materie nur zufällig und auf einer besonderen göttlichen Anstalt beruht, jene hingegen natürlich und unauflöslich ist.

Indem man denn auf solche Weise alle Principien des Lebens in der ganzen Natur als so viel unkörperliche Substanzen untereinander in Gemeinschaft, aber auch zum Theil mit der Materie vereinigt zusammennimmt, so gedenkt man sich ein großes Ganze der immateriellen Welt, eine unermeßliche, aber unbekannte Stufenfolge von Wesen und thätigen Naturen, durch welche der todte Stoff der Körperwelt allein belebt wird. Bis auf welche Glieder aber der Natur Leben ausgebreitet sei, und welche diejenigen Grade desselben seien, die zunächst an die völlige Leblosigkeit grenzen, ist vielleicht unmöglich jemals mit Sicherheit auszumachen. Der *Hylozoismus* belebt alles, der *Materialismus* dagegen, wenn er genau erwogen wird, tödtet alles. Maupertuis maß den organischen Nahrungstheilchen aller Thiere den niedrigsten Grad Leben bei; andere Philosophen sehen an ihnen nichts als todte Klumpen, welche nur dienen, den Hebezeug der thierischen Maschinen zu vergrößern. Das ungezweifelte Merkmal des Lebens an dem, was in unsere äußere Sinne fällt, ist wohl die freie Bewegung, die da blicken läßt, daß sie aus Willkür entsprungen sei; allein der Schluß ist nicht sicher, daß, wo dieses Merkmal nicht angetroffen wird, auch kein Grad des Lebens befindlich sei. Boerhaave sagt an einem Orte: *Das Thier ist eine Pflanze, die ihre Wurzel im Magen* (inwendig) *hat.* Vielleicht könnte ein anderer eben so ungetadelt mit diesen Begriffen spielen und sagen: *Die Pflanze ist ein Thier, das seinen Magen in der Wurzel* (äußerlich) *hat.* Daher auch den letzteren die Organen der willkürlichen Bewegung und mit ihnen die äußerliche Merkmale des Lebens fehlen können, die doch den ersteren nothwendig sind, weil ein Wesen, welches die Werkzeuge seiner Ernährung in sich hat, sich selbst seinem Bedürfniß gemäß muß bewegen können, dasjenige aber, an welchem dieselbe außerhalb und in dem Elemente seiner Unterhaltung eingesenkt sind, schon gnugsam durch äußere Kräfte erhalten wird und, wenn es gleich ein Principium des inneren Lebens in der Vegetation enthält, doch keine organische Einrichtung zur äußerlichen willkürlichen Thätigkeit bedarf. Ich verlange nichts von allem diesem auf Beweisgründen, denn außerdem daß ich sehr wenig zum Vortheil von dergleichen Muthmaßungen würde zu sagen haben, so haben sie noch als bestäubte veraltete Grillen den Spott der Mode wider sich. Die Alten glaubten nämlich dreierlei Art vom Leben annehmen zu können, das *pflanzenartige*, das *thierische* und das *vernünftige*. Wenn sie die drei immaterielle Principien derselben in dem Menschen vereinigten, so möchten sie wohl Unrecht haben, wenn sie aber solche unter die dreierlei Gattungen der wachsenden und ihres Gleichen erzeugenden Geschöpfe vertheilten, so sagten sie freilich wohl etwas Unerweisliches, aber darum noch nicht Ungereimtes, vornehmlich in dem Urtheile desjenigen, der das besondere Leben der von einigen Tieren abgetrennten Theile, die Irritabilität, diese so wohl erwiesene, aber auch zugleich so unerklärliche Eigenschaft der Fasern eines thierischen Körpers und einiger Gewächse, und endlich die nahe Verwandtschaft der Polypen und anderer Zoophyten mit den Gewächsen in Betracht ziehen wollte. Übrigens ist die Berufung auf immaterielle Principien eine Zuflucht der faulen Philosophie und darum auch die Erklärungsart in diesem Geschmacke nach aller Möglichkeit zu vermeiden, damit diejenigen Gründe der Welterscheinungen, welche auf den Bewegungsgesetzen der bloßen Materie beruhen, und welche auch einzig und allein der Begreiflichkeit fähig sind, in ihrem ganzen Umfange erkannt werden. Gleichwohl bin ich überzeugt, daß *Stahl,* welcher die thierische Veränderungen gerne organisch erklärt, oftmals der Wahrheit näher sei, als *Hofmann*, *Boerhaave* u. a. m., welche die immaterielle Kräfte aus dem Zusammenhange lassen, sich an die mechanische Gründe halten und hierin einer mehr philosophischen Methode folgen, die wohl bisweilen fehlt, aber mehrmals zutrifft, und die auch allein in der Wissenschaft von nützlicher Anwendung ist, wenn anderseits von dem Einflusse der Wesen von unkörperlicher Natur höchstens nur erkannt werden kann, daß er da sei, niemals aber, wie er zugehe und wie weit sich seine Wirksamkeit erstrecke.

So würde denn also die immaterielle Welt zuerst alle erschaffene Intelligenzen, deren einige mit der

Materie zu einer Person verbunden sind, andere aber nicht, in sich befassen, überdem die empfindende Subjecte in allen Thierarten und endlich alle Principien des Lebens, welche sonst noch in der Natur wo sein mögen, ob dieses sich gleich durch keine äußerliche Kennzeichen der willkürlichen Bewegung offenbarte. Alle diese immaterielle Naturen, sage ich, sie mögen nun ihre Einflüsse in der Körperwelt ausüben oder nicht, alle vernünftige Wesen, deren zufälliger Zustand thierisch ist, es sei hier auf der Erde oder in andern Himmelskörpern, sie mögen den rohen Zeug der Materie jetzt oder künftig beleben, oder ehedem belebt haben, würden nach diesen Begriffen in einer ihrer Natur gemäßen Gemeinschaft stehen, die nicht auf den Bedingungen beruht, wodurch das Verhältniß der Körper eingeschränkt ist, und wo die Entfernung der Örter oder der Zeitalter, welche in der sichtbaren Welt die große Kluft ausmacht, die alle Gemeinschaft aufhebt, verschwindet. Die menschliche Seele würde daher schon in dem gegenwärtigen Leben als verknüpft mit zwei Welten zugleich müssen angesehen werden, von welchen sie, so fern sie zu persönlicher Einheit mit einem Körper verbunden ist, die materielle allein klar empfindet, dagegen als ein Glied der Geisterwelt die reine Einflüsse immaterieller Naturen empfängt und ertheilt, so daß, so bald jene Verbindung aufgehört hat, die Gemeinschaft, darin sie jederzeit mit geistigen

Naturen steht, allein übrig bleibt und sich ihrem Bewußtsein zum klaren Anschauen eröffnen müßte.

Es wird nachgerade beschwerlich, immer die behutsame Sprache der Vernunft zu führen. Warum sollte es mir nicht auch erlaubt sein im akademischen Tone zu reden, der entscheidender ist und sowohl den Verfasser als den Leser des Nachdenkens überhebt, welches über lang oder kurz beide nur zu einer verdrießlichen Unentschlossenheit führen muß. Es ist demnach so gut als demonstrirt, oder es könnte leichtlich bewiesen werden, wenn man weitläuftig sein wollte, oder noch besser, es wird künftig, ich weiß nicht wo oder wenn, noch bewiesen werden: daß die menschliche Seele auch in diesem Leben in einer unauflöslich verknüpften Gemeinschaft mit allen immateriellen Naturen der Geisterwelt stehe, daß sie wechselweise in diese wirke und von ihnen Eindrücke empfange, deren sie sich aber als Mensch nicht bewußt ist, so lange alles wohl steht. Andererseits ist es auch wahrscheinlich, daß die geistige Naturen unmittelbar keine sinnliche Empfindung von der Körperwelt mit Bewußtsein haben können, weil sie mit keinem Theil der Materie zu einer Person verbunden sind, um sich vermittelst desselben ihres Orts in dem materiellen Weltganzen und durch künstliche Organen des Verhältnisses der ausgedehnten Wesen gegen sich und gegen einander bewußt zu werden, daß sie aber wohl in die Seelen der Menschen als Wesen von einerlei Natur einfließen können und auch wirklich jederzeit mit ihnen in wechselseitiger Gemeinschaft stehen, doch so, daß in der Mittheilung der Vorstellungen diejenige, welche die Seele als ein von der Körperwelt abhängendes Wesen in sich enthält, nicht in andere geistige Wesen und die Begriffe der letzteren, als anschauende Vorstellungen von immateriellen Dingen, nicht in das klare Bewußtsein des Menschen übergehen können, wenigstens nicht in ihrer eigentlichen Beschaffenheit, weil die Materialien zu beiderlei Ideen von verschiedener Art sind.

Es würde schön sein, wenn eine dergleichen systematische Verfassung der Geisterwelt, als wir sie vorstellen, nicht lediglich aus dem Begriffe von der geistigen Natur überhaupt, der gar zu sehr hypothetisch ist, sondern aus irgend einer wirklichen und allgemein zugestandenen Beobachtung könnte geschlossen, oder auch nur wahrscheinlich vermuthet werden. Daher wage ich es auf die Nachsicht des Lesers, einen Versuch von dieser Art hier einzuschalten, der zwar etwas außer meinem Wege liegt und auch von der Evidenz weit gnug entfernt ist, gleichwohl aber zu nicht unangenehmen Vermuthungen Anlaß zu geben scheint.

Unter den Kräften, die das menschliche Herz bewegen, scheinen einige der mächtigsten außerhalb demselben zu liegen, die also nicht etwa als bloße Mittel sich auf die Eigennützigkeit und Privatbedürfniß als auf ein Ziel, das *innerhalb* dem Menschen selbst liegt, beziehen, sondern welche machen, daß die Tendenzen unserer Regungen den Brennpunkt ihrer Vereinigung *außer uns* in andere vernünftige Wesen versetzen; woraus ein Streit zweier Kräfte entspringt, nämlich der Eigenheit, die alles auf sich bezieht, und der Gemeinnützigkeit, dadurch das Gemüth gegen andere außer sich getrieben oder gezogen wird. Ich halte mich bei dem Triebe nicht auf, vermöge dessen wir so stark und so allgemein am Urtheile anderer hängen und fremde Billigung oder Beifall zur Vollendung des unsrigen von uns selbst so nöthig zu sein erachten, woraus, wenn gleich bisweilen ein übelverstandener Ehrenwahn entspringt, dennoch selbst in der uneigennützigsten und wahrhaftesten Gemüthsart ein geheimer Zug verspürt wird, dasjenige, was man für sich selbst als *gut* oder *wahr* erkennt, mit dem Urtheil anderer zu vergleichen, um beide einstimmig zu machen, imgleichen eine jede menschliche Seele auf dem Erkenntnißwege gleichsam anzuhalten, wenn sie einen andern Fußsteig zu gehen scheint, als den wir eingeschlagen haben, welches alles vielleicht eine empfundene Abhängigkeit unserer eigenen Urtheile vom *allgemeinen menschlichen Verstande* ist und ein Mittel wird, dem Ganzen denkender Wesen eine Art von Vernunfteinheit zu verschaffen.

Ich übergehe aber diese sonst nicht unerhebliche Betrachtung und halte mich für jetzt an eine andere, welche einleuchtender und beträchtlicher ist, so viel es unsere Absicht betrifft. Wenn wir äußere Dinge auf unser Bedürfnis beziehen, so können wir dieses nicht thun, ohne uns zugleich durch eine gewisse Empfindung gebunden und eingeschränkt zu fühlen, die uns merken läßt, daß in uns gleichsam ein fremder Wille wirksam sei, und unser eigen Belieben die Bedingung von äußerer Beistimmung nöthig habe. Eine geheime Macht nöthigt uns unsere Absicht zugleich auf anderer Wohl oder nach fremder Willkür zu richten, ob dieses gleich öfters ungern geschieht und der eigennützigen Neigung stark widerstreitet, und der Punkt, wohin die Richtungslinien unserer Triebe zusammenlaufen, ist also nicht bloß in uns, sondern es sind noch Kräfte, die uns bewegen, in dem Wollen anderer außer uns. Daher entspringen die sittlichen Antriebe, die uns oft wider den Dank des Eigennutzes fortreißen, das starke Gesetz der Schuldigkeit und das schwächere der Gütigkeit, deren jedes uns manche Aufopferung abdringt, und obgleich beide dann und wann durch eigennützige Neigungen überwogen werden, doch nirgend in der menschlichen Natur ermangeln, ihre Wirklichkeit zu äußern. Dadurch sehen wir uns in den geheimsten Beweggründen abhängig von der *Regel des allgemeinen Willens*, und es entspringt daraus in der Welt aller denkenden Naturen eine *moralische Einheit* und systematische Verfassung nach bloß geistigen Gesetzen. Will man diese in uns empfundene Nöthigung unseres Willens zur Einstimmung mit dem allgemeinen Willen das *sittliche Gefühl* nennen, so redet man davon nur als von einer Erscheinung dessen, was in uns wirklich vorgeht, ohne die Ursachen desselben auszumachen. So nannte *Newton* das sichere Gesetz der Bestrebungen aller Materie, sich einander zu nähern, die *Gravitation* derselben, indem er seine mathematische Demonstrationen nicht in eine verdrießliche Theilnehmung an philosophischen Streitigkeiten verflechten wollte, die sich über die Ursache derselben eräugnen könnten. Gleichwohl trug er keine Bedenken, diese Gravitation als eine wahre Wirkung einer allgemeinen Thätigkeit der Materie ineinander zu behandeln und gab ihr daher auch den Namen der *Anziehung*. Sollte es nicht möglich sein die Erscheinung der sittlichen Antriebe in den denkenden Naturen, wie solche sich auf einander wechselsweise beziehen, gleichfalls als die Folge einer wahrhaftig thätigen Kraft, dadurch geistige Naturen ineinander einfließen, vorzustellen, so daß das sittliche Gefühl diese *empfundene Abhängigkeit* des Privatwillens vom allgemeinen Willen wäre und eine Folge der natürlichen und allgemeinen Wechselwirkung, dadurch die immaterielle Welt ihre sittliche Einheit erlangt, indem sie sich nach den Gesetzen dieses ihr eigenen Zusammenhanges zu einem System von geistiger Vollkommenheit bildet? Wenn man diesen Gedanken so viel Scheinbarkeit zugesteht, als erforderlich ist, um die Mühe zu verdienen sie an ihren Folgen zu messen, so wird man vielleicht durch den Reiz derselben unvermerkt in einige Parteilichkeit gegen sie verflochten werden. Denn es scheinen in diesem Falle die Unregelmäßigkeiten mehrentheils zu verschwinden, die sonst bei dem Widerspruch der moralischen und physischen Verhältnisse der Menschen hier auf der Erde so befremdlich in die Augen fallen. Alle Moralität der Handlungen kann nach der Ordnung der Natur niemals ihre vollständige Wirkung in dem leiblichen Leben des Menschen haben, wohl aber in der Geisterwelt nach pneumatischen Gesetzen. Die wahre Absichten, die geheime Beweggründe vieler aus Ohnmacht fruchtlosen Bestrebungen, der Sieg über sich selbst, oder auch bisweilen die verborgene Tücke bei scheinbarlich guten Handlungen sind mehrentheils für den physischen Erfolg in dem körperlichen Zustande verloren, sie würden aber auf solche Weise in der immateriellen Welt als fruchtbare Gründe angesehen werden müssen und in Ansehung ihrer nach pneumatischen Gesetzen zu Folge der Verknüpfung des Privatwillens und des allgemeinen Willens, d. i. der Einheit und des Ganzen der Geisterwelt, eine der sittlichen Beschaffenheit der freien Willkür angemessene Wirkung ausüben oder auch gegenseitig empfangen. Denn weil das Sittliche der That den inneren Zustand des Geistes betrifft, so kann es auch natürlicher Weise nur in der unmittelbaren Gemeinschaft der Geister die der ganzen Moralität adäquate Wirkung nach sich ziehen. Dadurch würde es nun geschehen, daß die Seele des Menschen schon in diesem Leben dem sittlichen Zustande zufolge ihre Stelle unter den geistigen Substanzen des Universum einnehmen müßte, so wie nach den Gesetzen der Bewegung die Materien des Weltraums sich in solche Ordnung gegeneinander setzen, die ihren Körperkräften gemäß ist. Wenn denn endlich durch den Tod die Gemeinschaft der Seele mit der Körperwelt aufgehoben worden, so würde das Leben in der andern Welt nur eine natürliche Fortsetzung derjenigen Verknüpfung sein, darin sie mit ihr schon in diesem Leben gestanden war, und die gesammte Folgen der hier ausgeübten Sittlichkeit würden sich dort in den Wirkungen wieder finden, die ein mit der ganzen Geisterwelt in unauflöslicher Gemeinschaft stehendes

Wesen schon vorher daselbst nach pneumatischen Gesetzen ausgeübt hat. Die Gegenwart und die Zukunft würden also gleichsam aus einem Stücke sein und ein stetiges Ganze ausmachen, selbst nach der *Ordnung der Natur*. Dieser letztere Umstand ist von besonderer Erheblichkeit. Denn in einer Vermuthung nach bloßen Gründen der Vernunft ist es eine große Schwierigkeit, wenn man, um den Übelstand zu heben, der aus der unvollendeten Harmonie zwischen der Moralität und ihren Folgen in dieser Welt entspringt, zu einem außerordentlichen göttlichen Willen seine Zuflucht nehmen muß: weil, so wahrscheinlich auch das Urtheil über denselben nach unseren Begriffen von der göttlichen Weisheit sein mag, immer ein starker Verdacht übrig bleibt, daß die schwache Begriffe unseres Verstandes vielleicht auf den Höchsten sehr verkehrt übertragen worden, da des Menschen Obliegenheit nur ist, von dem göttlichen Willen zu urtheilen aus der Wohlgereimtheit, die er wirklich in der Welt wahrnimmt, oder welche er nach der Regel der Analogie gemäß der Naturordnung darin vermuthen kann, nicht aber nach dem Entwurfe seiner eigenen Weisheit, den er zugleich dem göttlichen Willen zur Vorschrift macht, befugt ist, neue und willkürliche Anordnungen in der gegenwärtigen oder künftigen Welt zu ersinnen.

Wir lenken nunmehr unsere Betrachtung wiederum in den vorigen Weg ein und nähern uns dem Ziele, welches wir uns vorgesetzt hatten. Wenn es sich mit der Geisterwelt und dem Antheile, den unsere Seele an ihr hat, so verhält, wie der Abriß, den wir ertheilten, ihn vorstellt: so scheint fast nichts befremdlicher zu sein, als daß die Geistergemeinschaft nicht eine ganz allgemeine und gewöhnliche Sache ist, und das Außerordentliche betrifft fast mehr die Seltenheit der Erscheinungen, als die Möglichkeit derselben. Diese Schwierigkeit läßt sich indessen ziemlich gut heben und ist zum Theil auch schon gehoben worden. Denn die Vorstellung, die die Seele des Menschen von sich selbst als einem Geiste durch ein immaterielles Anschauen hat, indem sie sich in Verhältniß gegen Wesen von ähnlicher Natur betrachtet, ist von derjenigen ganz verschieden, da ihr Bewußtsein sich selbst als einen *Menschen* vorstellt durch ein Bild, das seinen Ursprung aus dem Eindrucke körperlicher Organen hat, und welches in Verhältniß gegen keine andere als materielle Dinge vorgestellt wird. Es ist demnach zwar einerlei Subject, was der sichtbaren und unsichtbaren Welt zugleich als ein Glied angehört, aber nicht eben dieselbe Person, weil die Vorstellungen der einen ihrer verschiedenen Beschaffenheit wegen keine begleitende Ideen von denen der andern Welt sind, und daher, was ich als Geist denke, von mir als Mensch nicht erinnert wird, und umgekehrt mein Zustand als eines Menschen in die Vorstellung meiner selbst als eines Geistes gar nicht hinein kommt. Übrigens mögen die Vorstellungen von der Geisterwelt so klar und anschauend sein, wie man will, so ist dieses doch nicht hinlänglich, um mich deren als Mensch bewußt zu werden; wie denn sogar die Vorstellung seiner selbst (d. i. der Seele) als eines Geistes wohl durch Schlüsse erworben wird, bei keinem Menschen aber ein anschauender und Erfahrungsbegriff ist.

Diese Ungleichartigkeit der geistigen Vorstellungen und derer, die zum leiblichen Leben des Menschen gehören, darf indessen nicht als eine so große Hinderniß angesehen werden, daß sie alle Möglichkeit aufhebe, sich bisweilen der Einflüsse von Seiten der Geisterwelt sogar in diesem Leben bewußt zu werden. Denn sie können in das persönliche Bewußtsein des Menschen zwar nicht unmittelbar, aber doch so übergehen, daß sie nach dem Gesetz der vergesellschafteten Begriffe diejenige Bilder rege machen, die mit ihnen verwandt sind und analogische Vorstellungen unserer Sinne erwecken, die wohl nicht der geistige Begriff selber, aber doch deren Symbolen sind. Denn es ist doch immer eben dieselbe Substanz, die zu dieser Welt sowohl als zu der andern wie ein Glied gehört, und beiderlei Art von Vorstellungen gehören zu demselben Subjecte und sind mit einander verknüpft. Die Möglichkeit hievon können wir einigermaßen dadurch faßlich machen, wenn wir betrachten, wie unsere höhere Vernunftbegriffe, welche sich den geistigen ziemlich nähern, gewöhnlichermaßen gleichsam ein körperlich Kleid annehmen, um sich in Klarheit zu setzen. Daher die moralische Eigenschaften der Gottheit unter den Vorstellungen des Zorns, der Eifersucht, der Barmherzigkeit, der Rache, u. d. g. vorgestellt werden; daher personificiren Dichter die Tugenden, Laster oder andere Eigenschaften der Natur, doch so, daß die wahre Idee des Verstandes hindurchscheint; so stellt der Geometra die Zeit durch eine Linie vor, obgleich Raum und Zeit nur eine Übereinkunft in Verhältnissen haben und also wohl der Analogie nach, niemals aber der Qualität nach mit einander übereintreffen; daher nimmt die Vorstellung der göttlichen Ewigkeit selbst bei Philosophen den Schein einer unendlichen Zeit an, so sehr wie man sich auch hütet beide zu vermengen, und eine große Ursache, weswegen die Mathematiker gemeiniglich abgeneigt sind, die Leibnizische Monaden einzuräumen, ist wohl diese, daß sie nicht umhin können sich an ihnen kleine Klümpchen vorzustellen. Daher ist es nicht unwahrscheinlich, daß geistige Empfindungen in das Bewußtsein übergehen könnten, wenn sie Phantasien erregen, die mit ihnen verwandt sind. Auf diese Art würden Ideen, die durch einen geistigen Einfluß mitgetheilt sind, sich in die Zeichen derjenigen *Sprache* einkleiden, die der Mensch sonst im Gebrauch hat, die empfundene Gegenwart eines Geistes in das Bild einer *menschlichen Figur*, Ordnung und Schönheit der immateriellen Welt in Phantasien, die unsere Sinne sonst im Leben vergnügen, u. s. w.

Diese Art der Erscheinungen kann gleichwohl nicht etwas Gemeines und Gewöhnliches sein, sondern sich nur bei Personen eräugnen, deren Organen eine ungewöhnlich große Reizbarkeit haben, die Bilder der Phantasie dem innern Zustande der Seele gemäß durch harmonische Bewegung mehr zu verstärken, als gewöhnlicher Weise bei gesunden Menschen geschieht und auch geschehen soll. Solche seltsame Personen würden in gewissen Augenblicken mit der Apparenz mancher Gegenstände als außer ihnen angefochten sein, welche sie für eine Gegenwart von geistigen Naturen halten würden, die auf ihre körperliche Sinne fiele, obgleich hiebei nur ein Blendwerk der Einbildung vorgeht, doch so, daß die Ursache davon ein wahrhafter geistiger Einfluß ist, der nicht unmittelbar empfunden werden kann, sondern sich nur durch verwandte Bilder der Phantasie, welche den Schein der Empfindungen annehmen, zum Bewußtsein offenbart.

Die Erziehungsbegriffe, oder auch mancherlei sonst eingeschlichene Wahn würden hiebei ihre Rolle spielen, wo Verblendung mit Wahrheit untermengt wird, und eine wirkliche geistige Empfindung zwar zum Grunde liegt, die doch in Schattenbilder der sinnlichen Dinge umgeschaffen worden. Man wird aber auch zugeben, daß die Eigenschaft auf solche Weise die Eindrücke der Geisterwelt in diesem Leben zum klaren Anschauen auszuwickeln schwerlich wozu nützen könne; weil dabei die geistige Empfindung nothwendig so genau in das Hirngespenst der Einbildung verwebt wird, daß es unmöglich sein muß in derselben das Wahre von den groben Blendwerken, die es umgeben, zu unterscheiden. Imgleichen würde ein solcher Zustand, da er ein verändertes Gleichgewicht in den Nerven voraussetzt, welche sogar durch die Wirksamkeit der bloß geistig empfindenden Seele in unnatürliche Bewegung versetzt werden, eine wirkliche Krankheit anzeigen. Endlich würde es gar nicht befremdlich sein, an einem Geisterseher zugleich einen Phantasten anzutreffen, zum wenigsten in Ansehung der begleitenden Bilder von diesen seinen Erscheinungen, weil Vorstellungen, die ihrer Natur nach fremd und mit denen im leiblichen Zustande des Menschen unvereinbar sind, sich hervordrängen, und übelgepaarte Bilder in die äußere Empfindung hereinziehen, wodurch wilde Chimären und wunderliche Fratzen ausgeheckt werden, die in langem Geschleppe den betrogenen Sinnen vorgaukeln, ob sie gleich einen wahren geistigen Einfluß zum Grunde haben mögen.

Nunmehr kann man nicht verlegen sein, von den Gespenstererzählungen, die den Philosophen so oft in den Weg kommen, imgleichen allerlei Geistereinflüssen, von denen hie und da die Rede geht, scheinbare Vernunftgründe anzugeben. Abgeschiedene Seelen und reine Geister können zwar niemals unsern äußeren Sinnen gegenwärtig sein, noch sonst mit der Materie in Gemeinschaft stehen, aber wohl auf den Geist des Menschen, der mit ihnen zu einer großen Republik gehört, wirken, so daß die Vorstellungen, welche sie in ihm erwecken, sich nach dem Gesetze seiner Phantasie in verwandte Bilder einkleiden und die Apparenz der ihnen gemäßen Gegenstände als außer ihm erregen. Diese Täuschung kann einen jeden Sinn betreffen, und so sehr dieselbe auch mit ungereimten Hirngespinsten untermengt wäre, so dürfte man sich dieses nicht abhalten lassen, hierunter geistige Einflüsse zu vermuthen. Ich würde der Scharfsichtigkeit des Lesers zu nahe treten, wenn ich mich bei der Anwendung dieser Erklärungsart noch aufhalten wollte. Denn metaphysische Hypothesen haben eine so ungemeine Biegsamkeit an sich, daß man sehr ungeschickt sein müßte, wenn man die gegenwärtige nicht einer jeden Erzählung bequemen könnte, sogar ehe man ihre Wahrhaftigkeit untersucht hat, welches in vielen Fällen unmöglich und in noch mehreren sehr unhöflich ist.

Wenn indessen die Vortheile und Nachtheile in einander gerechnet werden, die demjenigen erwachsen können, der nicht allein für die sichtbare Welt, sondern auch für die unsichtbare in gewissem Grade organisirt ist (wofern es jemals einen solchen gegeben hat), so scheint ein Geschenk von dieser Art demjenigen gleich zu sein, womit Juno den Tiresias beehrte, die ihn zuvor blind machte, damit sie ihm die Gabe zu weissagen ertheilen könnte. Denn nach den obigen Sätzen zu urtheilen, kann die anschauende Kenntniß der *andern* Welt allhier nur erlangt werden, indem man etwas von demjenigen Verstande einbüßt, welchen man für die *gegenwärtige* nöthig hat. Ich weiß auch nicht, ob selbst gewisse Philosophen gänzlich von dieser harten Bedingung frei sein sollten, welche so fleißig und vertieft ihre metaphysische Gläser nach jenen entlegenen Gegenden hinrichten und Wunderdinge von daher zu erzählen wissen, zum wenigsten mißgönne ich ihnen keine von ihren Entdeckungen; nur besorge ich: daß ihnen irgend ein Mann von gutem Verstande und wenig Feinheit eben dasselbe dürfte zu verstehen geben, was dem *Tycho de Brahe* sein Kutscher antwortete, als jener meinte zur Nachtzeit nach den Sternen den kürzesten Weg fahren zu können: *Guter*

Herr, auf den Himmel mögt ihr euch wohl verstehen, hier aber auf der Erde seid ihr ein Narr.

Drittes Hauptstück.

Antikabbala. Ein Fragment der gemeinen Philosophie, die Gemeinschaft mit der Geisterwelt aufzuheben.

Aristoteles sagt irgendwo: *Wenn wir wachen, so haben wir eine gemeinschaftliche Welt, träumen wir aber, so hat ein jeder seine eigne.* Mich dünkt, man sollte wohl den letzteren Satz umkehren und sagen können: wenn von verschiedenen Menschen ein jeglicher seine eigene Welt hat, so ist zu vermuthen, daß sie träumen. Auf diesen Fuß, wenn wir die *Luftbaumeister* der mancherlei Gedankenwelten betrachten, deren jeglicher die seinige mit Ausschließung anderer ruhig bewohnt, denjenigen etwa, welcher die Ordnung der Dinge, so wie sie von *Wolffen* aus wenig Bauzeug der Erfahrung, aber mehr erschlichenen Begriffen gezimmert, oder die, so von *Crusius* durch die magische Kraft einiger Sprüche vom *Denklichen* und *Undenklichen* aus Nichts hervorgebracht worden, bewohnt, so werden wir uns bei dem Widerspruche ihrer Visionen gedulden, bis diese Herren ausgeträumt haben. Denn wenn sie einmal, so Gott will, völlig wachen, d. i. zu einem Blicke, der die Einstimmung mit anderem Menschenverstande nicht ausschließt, die Augen aufthun werden, so wird niemand von ihnen etwas sehen, was nicht jedem andern gleichfalls bei dem Lichte ihrer Beweisthümer augenscheinlich und gewiß erscheinen sollte, und die Philosophen werden zu derselbigen Zeit eine gemeinschaftliche Welt bewohnen, dergleichen die Größenlehrer schon längst inne gehabt haben, welche wichtige Begebenheit nicht lange mehr anstehen kann, wofern gewissen Zeichen und Vorbedeutungen zu trauen ist, die seit einiger Zeit über dem Horizonte der Wissenschaften erschienen sind.

In gewisser Verwandtschaft mit den *Träumern der Vernunft* stehen die Träumer der *Empfindung*, und unter dieselben werden gemeiniglich diejenige, so bisweilen mit Geistern zu thun haben, gezählt und zwar aus dem nämlichen Grunde wie die vorigen, weil sie etwas sehen, was kein anderer gesunder Mensch sieht, und ihre eigene Gemeinschaft mit Wesen haben, die sich niemanden sonst offenbaren, so gute Sinne er auch haben mag. Es ist auch die Benennung der Träumereien, wenn man voraussetzt, daß die gedachte Erscheinungen auf bloße Hirngespenster auslaufen, in so fern passend, als die eine so gut wie die andere selbst ausgeheckte Bilder sind, die gleichwohl als wahre Gegenstände die Sinne betrügen; allein wenn man sich einbildet, daß beide Täuschungen übrigens in ihrer Entstehungsart sich ähnlich gnug wären, um die Quelle der einen auch zur Erklärung der andern zureichend zu finden, so betrügt man sich sehr. Derjenige, der im Wachen sich in Erdichtungen und Chimären, welche seine stets fruchtbare Einbildung ausheckt, dermaßen vertieft, daß er auf die Empfindung der Sinne wenig Acht hat, die ihm jetzt am meisten angelegen sind, wird mit Recht ein *wachender Träumer* genannt. Denn es dürfen nur die Empfindungen der Sinne noch etwas mehr in ihrer Stärke nachlassen, so wird er schlafen, und die vorige Chimären werden wahre Träume sein. Die Ursache, weswegen sie es nicht schon im Wachen sind, ist diese, weil er sie zu der Zeit als *in sich*, andere Gegenstände aber, die er empfindet, als *außer* sich vorstellt, folglich jene zu Wirkungen seiner eignen Thätigkeit, diese aber zu demjenigen zählt, was er von außen empfängt und erleidet. Denn hiebei kommt es alles auf das Verhältniß an, darin die Gegenstände auf ihn selbst als einen Menschen, folglich auch auf seinen Körper gedacht werden. Daher können die nämliche Bilder ihn im Wachen wohl sehr beschäftigen, aber nicht betrügen, so klar sie auch sein mögen. Denn ob er gleich alsdann eine Vorstellung von sich selbst und seinem Körper auch im Gehirne hat, gegen die er seine phantastische Bilder in Verhältniß setzt, so macht doch die wirkliche Empfindung seines Körpers durch äußere Sinne gegen jene Chimären einen Contrast oder Abstechung, um jene als von sich ausgeheckt, diese aber als empfunden anzusehen. Schlummert er hiebei ein, so erlischt die empfundene Vorstellung seines Körpers, und es bleibt bloß die selbstgedichtete übrig, gegen welche die andre Chimären als in äußerem Verhältniß gedacht werden und auch, so lange man schläft, den Träumenden betrügen müssen, weil keine Empfindung da ist, die in Vergleichung mit jener das Urbild vom Schattenbilde, nämlich das Äußere vom Innern, unterscheiden ließe.

Von wachenden Träumern sind demnach die Geisterseher nicht bloß dem Grade, sondern der Art nach gänzlich unterschieden. Denn diese referiren im Wachen und oft bei der größten Lebhaftigkeit anderer Empfindungen gewisse Gegenstände unter die äußerliche Stellen der andern Dinge, die sie wirklich um sich wahrnehmen, und die Frage ist hier nur, wie es zugehe, daß sie das Blendwerk ihrer Einbildung außer sich versetzen und zwar in Verhältniß auf ihren Körper, den sie auch durch äußere Sinne empfinden. Die große Klarheit ihres Hirngespinstes kann hievon nicht die Ursache sein, denn es kommt hier auf den Ort an, wohin es als ein Gegenstand versetzt ist, und daher verlange ich, daß man zeige, wie die Seele ein solches Bild, was sie doch als in sich enthalten vorstellen sollte, in ein ganz ander Verhältniß, nämlich in einen Ort *äußerlich* und unter die Gegenstände, versetze, die sich ihrer wirklichen Empfindung darbieten. Auch werde ich mich durch die Anführung anderer Fälle, die einige Ähnlichkeit mit solcher Täuschung haben und etwa im fieberhaften Zustande vorfallen, nicht abfertigen lassen; denn gesund oder krank, wie der Zustand des Betrogenen auch sein mag, so will man nicht wissen, ob dergleichen auch sonst geschehe, sondern wie dieser Betrug möglich sei.

Wir finden aber bei dem Gebrauch der äußeren Sinne, daß über die Klarheit, darin die Gegenstände vorgestellt werden, man in der Empfindung auch ihren Ort mit begreife, vielleicht bisweilen nicht allemal mit gleicher Richtigkeit, dennoch als eine nothwendige Bedingung der Empfindung, ohne welche es unmöglich wäre die Dinge als außer uns vorzustellen. Hiebei wird es sehr wahrscheinlich: daß unsere Seele das empfundene Object dahin in ihrer Vorstellung versetze, wo die verschiedene Richtungslinien des Eindrucks, die dasselbe gemacht hat, wenn sie fortgezogen werden, zusammenstoßen. Daher sieht man einen strahlenden Punkt an demjenigen Orte, wo die von dem Auge in der Richtung des Einfalls der Lichtstrahlen zurückgezogene Linien sich schneiden. Dieser Punkt, welchen man den Sehepunkt nennt, ist zwar in der Wirkung der *Zerstreuungspunkt*, aber in der Vorstellung der *Sammlungspunkt* der Directionslinien, nach welchen die Empfindung eingedrückt wird (focus imaginarius). So bestimmt man selbst durch ein einziges Auge einem sichtbaren Objecte den Ort, wie unter andern geschieht, wenn das Spectrum eines

Körpers vermittelst eines Hohlspiegels in der Luft gesehen wird, gerade da, wo die Strahlen, welche aus einem Punkte des Objects ausfließen, sich schneiden, ehe sie ins Auge fallen.

Vielleicht kann man eben so bei den Eindrücken des Schalles, weil dessen Stöße auch nach geraden Linien geschehen, annehmen: daß die Empfindung desselben zugleich mit der Vorstellung eines foci imaginarii begleitet sei, der dahin gesetzt wird, wo die gerade Linien des in Bebung gesetzten Nervengebäudes, im Gehirne äußerlich fortgezogen, zusammenstoßen. Denn man bemerkt die Gegend und Weite eines schallenden Objects einigermaßen, wenn der Schall gleich leise ist und hinter uns geschieht, obschon die gerade Linien, die von da gezogen werden können, eben nicht die Eröffnung des Ohrs treffen, sondern auf andere Stellen des Haupts fallen, so daß man glauben muß, die Richtungslinien der Erschütterung werden in der Vorstellung der Seele äußerlich fortgezogen und das schallende Object in den Punkt ihres Zusammenstoßes versetzt. Eben dasselbe kann, wie mich dünkt, auch von den übrigen drei Sinnen gesagt werden, welche sich darin von dem Gesichte und dem Gehör unterscheiden, daß der Gegenstand der Empfindung mit den Organen in unmittelbarer Berührung steht, und die Richtungslinien des sinnlichen Reizes daher in diesen Organen selbst ihren Punkt der Vereinigung haben.

Um dieses auf die Bilder der Einbildung anzuwenden, so erlaube man mir dasjenige, was *Cartesius* annahm und die mehrsten Philosophen nach ihm billigten, zum Grunde zu legen: nämlich daß alle Vorstellungen der Einbildungskraft zugleich mit gewissen Bewegungen in dem Nervengewebe oder Nervengeiste des Gehirnes begleitet sind, welche man ideas materiales nennt, d. i. vielleicht mit der Erschütterung oder Bebung des feinen Elements, welches von ihnen abgesondert wird, und die derjenigen Bewegung ähnlich ist, welche der sinnliche Eindruck machen könnte, wovon er die Copie ist. Nun verlange ich aber mir einzuräumen: daß der vornehmste Unterschied der Nervenbewegung in den Phantasien von der in der Empfindung darin bestehe, daß die Richtungslinien der Bewegung bei jener sich innerhalb dem Gehirne, bei dieser aber außerhalb schneiden; daher, weil der focus imaginarius, darin das Object vorgestellt wird, bei den klaren Empfindungen des Wachens außer mir, der von den Phantasien aber, die ich zu der Zeit etwa habe, in mir gesetzt wird, ich, so lange ich wache, nicht fehlen kann, die Einbildungen als meine eigene Hirngespinste von dem Eindruck der Sinne zu unterscheiden.

Wenn man dieses einräumt, so dünkt mich, daß ich über diejenige Art von Störung des Gemüths, die man den Wahnsinn und im höhern Grade die Verrückung nennt, etwas Begreifliches zur Ursache anführen könne.

Das Eigenthümliche dieser Krankheit besteht darin: daß der verworrene Mensch bloße Gegenstände seiner Einbildung außer sich versetzt und als wirklich vor ihm gegenwärtige Dinge ansieht. Nun habe ich gesagt: daß nach der gewöhnlichen Ordnung die Directionslinien der Bewegung, die in dem Gehirne als materielle Hülfsmittel die Phantasie begleiten, sich innerhalb demselben durchschneiden müssen, und mithin der Ort, darin er sich seines Bildes bewußt ist, zur Zeit des Wachens in ihm selbst gedacht werde. Wenn ich also setze, daß durch irgend einen Zufall oder Krankheit gewisse Organen des Gehirnes so verzogen und aus ihrem gehörigen Gleichgewicht gebracht seien, daß die Bewegung der Nerven, die mit einigen Phantasien harmonisch beben, nach solchen Richtungslinien geschieht, welche fortgezogen sich außerhalb dem Gehirne durchkreuzen würden, so ist der focus imaginarius außerhalb dem denkenden Subject gesetzt, und das Bild, welches ein Werk der bloßen Einbildung ist, wird als ein Gegenstand vorgestellt, der den äußeren Sinnen gegenwärtig wäre. Die Bestürzung über die vermeinte Erscheinung einer Sache, die nach der natürlichen Ordnung nicht zugegen sein sollte, wird, obschon auch anfangs ein solches Schattenbild der Phantasie nur schwach wäre, bald die Aufmerksamkeit rege machen und der Scheinempfindung eine so große Lebhaftigkeit geben, die den betrogenen Menschen an der Wahrhaftigkeit nicht zweifeln läßt. Dieser Betrug kann einen jeden äußeren Sinn betreffen, denn von jeglichem haben wir copirte Bilder in der Einbildung, und die Verrückung des Nervengewebes kann die Ursache werden, den focum imaginarium dahin zu versetzen, von wo der sinnliche Eindruck eines wirklich vorhandenen körperlichen Gegenstandes kommen würde. Es ist alsdann kein Wunder, wenn der Phantast manches sehr deutlich zu sehen oder zu hören glaubt, was niemand außer ihm wahrnimmt, imgleichen wenn diese Hirngespenster ihm erscheinen und plötzlich verschwinden, oder indem sie etwa einem Sinne, z. E. dem Gesichte, vorgaukeln, durch keinen andern, wie z. E. das Gefühl, können empfunden werden und daher durchdringlich scheinen. Die gemeine Geistererzählungen laufen so sehr auf dergleichen Bestimmungen hinaus, daß sie den Verdacht ungemein rechtfertigen, sie könnten wohl aus einer solchen Quelle entsprungen sein. Und so ist auch der gangbare Begriff von *geistigen Wesen*, den wir oben aus dem gemeinen Redegebrauche herauswickelten, dieser Täuschung sehr gemäß und verläugnet seinen Ursprung nicht: weil die Eigenschaft einer durchdringlichen Gegenwart im Raume das wesentliche Merkmal dieses Begriffes ausmachen soll.

Es ist auch sehr wahrscheinlich, daß die Erziehungsbegriffe von Geistergestalten dem kranken Kopfe die Materialien zu den täuschenden Einbildungen geben, und daß ein von allen solchen Vorurtheilen leeres Gehirn, wenn ihm gleich eine Verkehrtheit anwandelte, wohl nicht so leicht Bilder von solcher Art aushecken würde. Ferner sieht man daraus auch, daß, da die Krankheit des Phantasten nicht eigentlich den Verstand, sondern die Täuschung der Sinne betrifft, der Unglückliche seine Blendwerke durch kein Vernünfteln heben könne: weil die wahre oder scheinbare Empfindung der Sinne selbst vor allem Urtheil des Verstandes vorhergeht und eine unmittelbare Evidenz hat, die alle andre Überredung weit übertrifft.

Die Folge, die sich aus diesen Betrachtungen ergiebt, hat dieses Ungelegene an sich, daß sie die tiefe Vermuthungen des vorigen Hauptstücks ganz entbehrlich macht, und daß der Leser, so bereitwillig er auch sein mochte, den idealischen Entwürfen desselben einigen Beifall einzuräumen, dennoch den Begriff vorziehen wird, welcher mehr Gemächlichkeit und Kürze im Entscheiden bei sich führt und sich einen allgemeineren Beifall versprechen kann. Denn außer dem, daß es einer vernünftigen Denkungsart gemäßer zu sein scheint, die Gründe der Erklärung aus dem Stoffe herzunehmen, den die Erfahrung uns darbietet, als sich in schwindlichten Begriffen einer halb dichtenden, halb schließenden Vernunft zu verlieren, so äußert sich noch dazu auf dieser Seite einiger Anlaß zum Gespötte, welches, es mag nun gegründet sein oder nicht, ein kräftigeres Mittel ist als irgend ein anderes, eitele Nachforschungen zurückzuhalten. Denn auf eine ernsthafte Art über die Hirngespenster der Phantasten Auslegungen machen zu wollen, giebt schon eine schlimme Vermuthung, und die Philosophie setzt sich in Verdacht, welche sich in so schlechter Gesellschaft betreffen läßt. Zwar habe ich oben den Wahnsinn in dergleichen Erscheinung nicht bestritten, vielmehr ihn, zwar nicht als die Ursache einer eingebildeten Geistergemeinschaft, doch als eine natürliche Folge derselben damit verknüpft; allein was für eine Thorheit giebt es doch, die nicht mit einer bodenlosen Weltweisheit könnte in Einstimmung gebracht werden? Daher verdenke ich es dem Leser keineswegs, wenn er, anstatt die Geisterseher für Halbbürger der andern Welt anzusehen, sie kurz und gut als Candidaten des Hospitals abfertigt und sich dadurch alles weiteren Nachforschens überhebt. Wenn nun aber alles auf solchen Fuß genommen wird, so muß auch die Art dergleichen Adepten des Geisterreichs zu behandeln von derjenigen nach den obigen Begriffen sehr verschieden sein, und da man es sonst nöthig fand, bisweilen einige derselben zu *brennen*, so wird es jetzt gnug sein, sie nur zu *purgiren*. Auch wäre es bei dieser Lage der Sachen eben nicht nöthig gewesen, so weit auszuholen und in dem fieberhaften Gehirne betrogener Schwärmer durch Hülfe der Metaphysik Geheimnisse aufzusuchen. Der scharfsichtige *Hudibras* hätte uns allein das Räthsel auflösen können, denn nach seiner Meinung: *wenn ein hypochondrischer Wind in den Eingeweiden tobt, so kommt es darauf an, welche Richtung er nimmt, geht er abwärts, so wird ein F–, steigt er aber aufwärts, so ist es eine Erscheinung oder eine heilige Eingebung.*

Viertes Hauptstück.

Theoretischer Schluß aus den gesammten Betrachtungen des ersten Theils.

Die Trüglichkeit einer Wage, die nach bürgerlichen Gesetzen ein Maß der Handlung sein soll, wird entdeckt, wenn man Waare und Gewichte ihre Schalen vertauschen läßt, und die Parteilichkeit der Verstandeswage offenbart sich durch eben denselben Kunstgriff, ohne welchen man auch in philosophischen Urtheilen nimmermehr ein einstimmiges Facit aus den verglichenen Abwiegungen herausbekommen kann. Ich habe meine Seele von Vorurtheilen gereinigt, ich habe eine jede blinde Ergebenheit vertilgt, welche sich jemals einschlich, um manchem eingebildeten Wissen in mir Eingang zu verschaffen. Jetzt ist mir nichts angelegen, nichts ehrwürdig, als was durch den Weg der Aufrichtigkeit in einem ruhigen und für alle Gründe zugänglichen Gemüthe Platz nimmt; es mag mein voriges Urtheil bestätigen oder aufheben, mich bestimmen oder unentschieden lassen. Wo ich etwas antreffe, das mich belehrt, da eigne ich es mir zu. Das Urtheil desjenigen, der meine Gründe widerlegt, ist mein Urtheil, nachdem ich es vorerst *gegen* die Schale der Selbstliebe und nachher in derselben gegen meine vermeintliche Gründe abgewogen und in ihm einen größeren Gehalt gefunden habe. Sonst betrachte ich den allgemeinen menschlichen Verstand blos aus dem Standpunkte des meinigen: jetzt setze ich mich in die Stelle einer fremden und äußeren Vernunft und beobachte meine Urtheile sammt ihren geheimsten Anlässen aus dem Gesichtspunkte anderer. Die Vergleichung beider Beobachtungen giebt zwar starke Parallaxen, aber sie ist auch das einzige Mittel, den optischen Betrug zu verhüten und die Begriffe an die wahre Stellen zu setzen, darin sie in Ansehung der Erkenntnißvermögen der menschlichen Natur stehen. Man wird sagen, daß dieses eine sehr ernsthafte Sprache sei für eine so gleichgültige Aufgabe, als wir abhandeln, die mehr ein Spielwerk als eine ernstliche Beschäftigung genannt zu werden verdient, und man hat nicht

Unrecht so zu urtheilen. Allein ob man zwar über eine Kleinigkeit keine große Zurüstung machen darf, so kann man sie doch gar wohl bei Gelegenheit derselben machen, und die entbehrliche Behutsamkeit beim Entscheiden in Kleinigkeiten kann zum Beispiele in wichtigen Fällen dienen. Ich finde nicht, daß irgend eine Anhänglichkeit, oder sonst eine vor der Prüfung eingeschlichene Neigung meinem Gemüthe die Lenksamkeit nach allerlei Gründen für oder dawider benehme, eine einzige ausgenommen. Die Verstandeswage ist doch nicht ganz unparteilich, und ein Arm derselben, der die Aufschrift führt: *Hoffnung der Zukunft*, hat einen mechanischen Vortheil, welcher macht, daß auch leichte Gründe, welche in die ihm angehörige Schale fallen, die Speculationen von an sich größerem Gewichte auf der andern Seite in die Höhe ziehen. Dieses ist die einzige Unrichtigkeit, die ich nicht wohl heben kann, und die ich in der That auch niemals heben will. Nun gestehe ich, daß alle Erzählungen vom Erscheinen abgeschiedener Seelen oder von Geistereinflüssen und alle Theorien von der muthmaßlichen Natur geistiger Wesen und ihrer Verknüpfung mit uns nur in der Schale der Hoffnung merklich wiegen; dagegen in der der Speculation aus lauter Luft zu bestehen scheinen. Wenn die Ausmittelung der aufgegebenen Frage nicht mit einer vorher schon entschiedenen Neigung in Sympathie stände, welcher Vernünftige würde wohl unschlüssig sein, ob er mehr Möglichkeit darin finden sollte, eine Art Wesen anzunehmen, die mit allem, was ihm die Sinne lehren, gar nichts Ähnliches haben, als einige angebliche Erfahrungen dem Selbstbetruge und der Erdichtung beizumessen, die in mehreren Fällen nicht ungewöhnlich sind.

Ja dieses scheint auch überhaupt von der Beglaubigung der Geistererzählungen, welche so allgemeinen Eingang finden, die vornehmste Ursache zu sein, und selbst die erste Täuschungen von vermeinten Erscheinungen abgeschiedener Menschen sind vermuthlich aus der schmeichelhaften Hoffnung entsprungen, daß man noch auf irgend eine Art nach dem Tode übrig sei, da denn bei nächtlichen Schatten oftmals der Wahn die Sinne betrog und aus zweideutigen Gestalten Blendwerke schuf, die der vorhergehenden Meinung gemäß waren, woraus denn endlich die Philosophen Anlaß nahmen die Vernunftidee von Geistern auszudenken und sie in Lehrverfassung zu bringen. Man sieht es auch wohl meinem anmaßlichen Lehrbegriff von der Geistergemeinschaft an, daß er eben dieselbe Richtung nehme, in den die gemeine Neigung einschlägt. Denn die Sätze vereinbaren sich sehr merklich nur dahin, um einen Begriff zu geben, wie der Geist des Menschen aus dieser Welt *herausgehe*, d. i. vom Zustande nach dem

Tode; wie er aber *hineinkomme*, d. i. von der Zeugung und Fortpflanzung, davon erwähne ich nichts; ja sogar nicht einmal, wie er in dieser Welt *gegenwärtig* sei, d. i. wie eine immaterielle Natur in einem Körper und durch denselben wirksam sein könne; alles um einer sehr gültigen Ursache willen, welche diese ist, daß ich hievon insgesammt nichts verstehe und folglich mich wohl hätte bescheiden können, eben so unwissend in Ansehung des künftigen Zustandes zu sein, wofern nicht die Parteilichkeit einer Lieblingsmeinung den Gründen, die sich darboten, so schwach sie auch sein mochten, zur Empfehlung gedient hätte.

Eben dieselbe Unwissenheit macht auch, daß ich mich nicht unterstehe so gänzlich alle Wahrheit an den mancherlei Geistererzählungen abzuleugnen, doch mit dem gewöhnlichen, obgleich wunderlichen Vorbehalt, eine jede einzelne derselben in Zweifel zu ziehen, allen zusammen genommen aber einigen Glauben beizumessen. Dem Leser bleibt das Urtheil frei; was mich aber anlangt, so ist zum wenigsten der Ausschlag auf die Seite der Gründe des zweiten Hauptstücks bei mir groß gnug, mich bei Anhörung der mancherlei befremdlichen Erzählungen dieser Art ernsthaft und unentschieden zu erhalten. Indessen da es niemals an Gründen der Rechtfertigung fehlt, wenn das Gemüth vorher eingenommen ist, so will ich dem Leser mit keiner weiteren Vertheidigung dieser Denkungsart beschwerlich fallen.

Da ich mich jetzt beim Schlusse der Theorie von Geistern befinde, so unterstehe ich mir noch zu sagen: daß diese Betrachtung, wenn sie von dem Leser gehörig genutzt wird, alle philosophische Einsicht von dergleichen Wesen vollende, und daß man davon vielleicht künftighin noch allerlei *meinen*, niemals aber mehr *wissen* könne. Dieses Vorgeben klingt ziemlich ruhmräthig. Denn es ist gewiß kein den Sinnen bekannter Gegenstand der Natur, von dem man sagen könnte, man habe ihn durch Beobachtung oder Vernunft jemals *erschöpft*, wenn es auch ein Wassertropfen, ein Sandkorn oder etwas noch Einfacheres wäre; so unermeßlich ist die Mannigfaltigkeit desjenigen, was die Natur in ihren geringsten Theilen einem so eingeschränkten Verstande, wie der menschliche ist, zur Auflösung darbietet. Allein mit dem philosophischen Lehrbegriff von geistigen Wesen ist es ganz anders bewandt. Es kann vollendet sein, aber im *negativen* Verstande, indem er nämlich die Grenzen unserer Einsicht mit Sicherheit festsetzt und uns überzeugt: daß die verschiedene Erscheinungen des *Lebens* in der Natur und deren Gesetze alles seien, was uns zu erkennen vergönnt ist, das Principium dieses Lebens aber, d. i. die geistige Natur, welche man nicht kennt, sondern vermuthet, niemals positiv könne gedacht werden, weil keine data hiezu in unseren gesammten Empfindungen anzutreffen seien, und daß man sich mit Verneinungen behelfen müsse, um etwas von allem Sinnlichen so sehr Unterschiedenes zu denken, daß aber selbst die Möglichkeit solcher Verneinungen weder auf Erfahrung, noch auf Schlüssen, sondern auf einer Erdichtung beruhe, zu der eine von allen Hülfsmitteln entblößte Vernunft ihre Zuflucht nimmt. Auf diesen Fuß kann die Pneumatologie der Menschen ein Lehrbegriff ihrer nothwendigen Unwissenheit in Absicht auf eine vermuthete Art Wesen genannt werden und als ein solcher der Aufgabe leichtlich adäquat sein.

Nunmehr lege ich die ganze Materie von Geistern, ein weitläufig Stück der Metaphysik, als abgemacht und vollendet bei Seite. Sie geht mich künftig nichts mehr an. Indem ich den Plan meiner Nachforschung auf diese Art besser zusammenziehe und mich einiger gänzlich vergeblichen Untersuchungen entschlage, so hoffe ich meine geringe Verstandesfähigkeit auf die übrige Gegenstände vorteilhafter anlegen zu können. Es ist mehrentheils umsonst, das kleine Maß seiner Kraft auf alle windichte Entwürfe ausdehnen zu wollen. Daher gebeut die Klugheit sowohl in diesem als in andern Fällen, den Zuschnitt der Entwürfe den Kräften angemessen zu machen und, wenn man das Große nicht füglich erreichen kann, sich auf das Mittelmäßige einzuschränken.

Der zweite Theil

,welcher historisch ist.

Erstes Hauptstück.

Eine Erzählung, deren Wahrheit der beliebigen Erkundigung des Lesers empfohlen wird.

Sit mihi fas audita loqui. – – –

VIRG.

Die Philosophie, deren Eigendünkel macht, daß sie sich selbst allen eiteln Fragen bloß stellt, sieht sich oft bei dem Anlasse gewisser Erzählungen in schlimmer Verlegenheit, wenn sie entweder an einigem in denselben ungestraft nicht *zweifeln* oder manches davon unausgelacht nicht *glauben* darf. Beide Beschwerlichkeiten finden sich in gewisser Maße bei den herumgehenden Geistergeschichten zusammen, die erste bei Anhörung desjenigen, der sie betheuret, und die zweite in Betracht derer, auf die man sie weiter bringt. In der That ist auch kein Vorwurf dem Philosophen bitterer, als der der Leichtgläubigkeit und der Ergebenheit in den gemeinen Wahn, und da diejenigen, welche sich darauf verstehen, gutes Kaufs klug zu scheinen, ihr spöttisches Gelächter auf alles werfen, was die Unwissenden und die Weisen gewissermaßen gleich macht, indem es beiden unbegreiflich ist: so ist kein Wunder, daß die so häufig vorgegebene Erscheinungen großen Eingang finden, öffentlich aber entweder abgeleugnet oder doch verhehlt werden. Man kann sich daher darauf verlassen: daß niemals eine Akademie der Wissenschaften diese Materie zur Preisfrage machen werde; nicht als wenn die Glieder derselben gänzlich von aller Ergebenheit in die gedachte Meinung frei wären, sondern weil die Regel der Klugheit den Fragen, welche der Vorwitz und die eitle Wißbegierde ohne Unterschied aufwirft, mit Recht Schranken setzt. Und so werden die Erzählungen von dieser Art wohl jederzeit nur heimliche Gläubige haben, öffentlich aber durch die herrschende Mode des Unglaubens verworfen werden.

Da mir indessen diese ganze Frage weder wichtig noch vorbereitet gnug scheint, um über dieselbe etwas zu entscheiden, so trage ich kein Bedenken hier eine Nachricht der erwähnten Art anzuführen und sie mit völliger Gleichgültigkeit dem geneigten oder ungeneigten Urtheile der Leser preis zu geben.

Es lebt zu Stockholm ein gewisser *Herr Schwedenberg* ohne Amt oder Bedienung von seinem ziemlich ansehnlichen Vermögen. Seine ganze Beschäftigung besteht darin, daß er, wie er selbst sagt, schon seit mehr als zwanzig Jahren mit Geistern und abgeschiedenen Seelen im genauesten Umgange steht, von ihnen Nachrichten aus der andern Welt einholt und ihnen dagegen welche aus der gegenwärtigen ertheilt, große Bände über seine Entdeckungen abfaßt und bisweilen nach London reiset, um die Ausgabe derselben zu besorgen. Er ist eben nicht zurückhaltend mit seinen Geheimnissen, spricht mit jedermann frei davon, scheint vollkommen von dem, was er vorgiebt, überredet zu sein ohne einigen Anschein eines angelegten Betruges oder Charltanerei. So wie er, wenn man ihm selbst glauben darf, der Erzgeisterseher unter allen Geistersehern ist, so ist er auch sicherlich der Erzphantast unter allen Phantasten, man mag ihn nun aus der Beschreibung derer, welche ihn kennen, oder aus seinen Schriften beurtheilen. Doch kann dieser Umstand diejenige, welche den Geistereinflüssen sonst günstig sind, nicht abhalten, hinter solcher Phantasterei noch etwas Wahres zu vermuthen. Weil indessen das Creditiv aller Bevollmächtigten aus der andern Welt in den Beweisthümern besteht, die sie durch gewisse Proben in der gegenwärtigen von ihrem außerordentlichen Beruf ablegen, so muß ich von demjenigen, was zur Beglaubigung der außerordentlichen Eigenschaft des gedachten Mannes herumgetragen wird, wenigstens dasjenige anführen, was noch bei den meisten einigen Glauben findet.

Gegen das Ende des Jahres 1761 wurde Herr Schwedenberg zu einer Fürstin gerufen, deren großer Verstand und Einsicht es beinahe unmöglich machen sollte in dergleichen Fällen hintergangen zu werden. Die Veranlassung dazu gab das allgemeine Gerücht von den vorgegebenen Visionen dieses Mannes. Nach einigen Fragen, die mehr darauf abzielten sich mit seinen Einbildungen zu belustigen, als wirkliche Nachrichten aus der andern Welt zu vernehmen, verabschiedete ihn die Fürstin, indem sie ihm vorher einen geheimen Auftrag that, der in seine Geistergemeinschaft einschlug. Nach einigen Tagen erschien Herr Schwedenberg mit der Antwort, welche von der Art war, daß solche die Fürstin ihrem eigenen Geständnisse nach in das größte Erstaunen versetzte, indem sie solche wahr befand, und ihm gleichwohl solche von keinem lebendigen Menschen konnte ertheilt sein. Diese Erzählung ist aus dem Berichte eines Gesandten an dem dortigen Hofe, der damals zugegen war, an einen andern fremden Gesandten in Kopenhagen gezogen worden, stimmt auch genau mit dem, was die besondere Nachfrage darüber hat erkundigen können, zusammen.

Folgende Erzählungen haben keine andere Gewährleistung als die gemeine Sage, deren Beweis sehr mißlich ist. Madame *Marteville,* die Witwe eines holländischen Envoyé an dem schwedischen Hofe, wurde von den Angehörigen eines Goldschmiedes um die Bezahlung des Rückstandes für ein verfertigtes Silberservice gemahnt. Die Dame, welche die regelmäßige Wirtschaft ihres verstorbenen Gemahls kannte, war überzeugt, daß diese Schuld schon bei seinem Leben abgemacht sein müßte; allein sie fand in seinen hinterlassenen Papieren gar keinen Beweis. Das Frauenzimmer ist vorzüglich geneigt den Erzählungen der Wahrsagerei, der Traumdeutung und allerlei anderer wunderbarer Dinge Glauben beizumessen. Sie entdeckte daher ihr Anliegen dem Herrn Schwedenberg mit dem Ersuchen, wenn es wahr wäre, was man von ihm sagte, daß er mit abgeschiedenen Seelen im Umgange stehe, ihr aus der andern Welt von ihrem verstorbenen Gemahl Nachricht zu verschaffen, wie es mit der gedachten Anforderung bewandt sei. Herr Schwedenberg versprach solches zu thun und stellte der Dame nach wenig Tagen in ihrem Hause den Bericht ab, daß er die verlangte Kundschaft eingezogen habe, daß in einem Schrank, den er anzeigte und der ihrer Meinung nach völlig ausgeräumt war, sich noch ein verborgenes Fach befinde, welches die erforderliche Quittungen enthielte. Man suchte sofort seiner Beschreibung zufolge und fand nebst der geheimen holländischen Correspondence die Quittungen, wodurch alle gemachten Ansprüche völlig getilgt wurden.

Die dritte Geschichte ist von der Art, daß sich sehr leicht ein vollständiger Beweis ihrer Richtigkeit oder Unrichtigkeit muß geben lassen. Es war, wo ich recht berichtet bin, gegen das Ende des 1759ten Jahres, als Herr Schwedenberg, aus England kommend, an einem Nachmittage zu *Gothenburg* ans Land trat. Er wurde denselben Abend zu einer Gesellschaft bei einem dortigen Kaufmann gezogen und gab ihr nach einigem Aufenthalt mit allen Zeichen der Bestürzung die Nachricht, daß eben jetzt in Stockholm im *Südermalm* eine erschreckliche Feuersbrunst wüthe. Nach Verlauf einiger Stunden, binnen welchen er sich dann und wann entfernte, berichtete er der Gesellschaft, daß das Feuer gehemmt sei, imgleichen wie weit es um sich gegriffen habe. Eben denselben Abend verbreitete sich schon diese wunderliche Nachricht und war den andern Morgen in der ganzen Stadt herumgetragen; allein nach zwei Tagen allererst kam der Bericht davon aus Stockholm in Gothenburg an, völlig einstimmig, wie man sagt, mit Schwedenbergs Visionen.

Man wird vermuthlich fragen, was mich doch immer habe bewegen können ein so verachtetes Geschäfte zu übernehmen, als dieses ist, Märchen weiter zu bringen, die ein Vernünftiger Bedenken trägt mit Geduld anzuhören, ja solche gar zum Text philosophischer Untersuchungen zu machen. Allein da die Philosophie, welche wir voranschickten, eben so wohl ein Märchen war aus dem *Schlaraffenlande* der Metaphysik, so sehe ich nichts Unschickliches darin, beide in Verbindung auftreten zu lassen; und warum sollte es auch eben rühmlicher sein, sich durch das blinde Vertrauen in die Scheingründe der Vernunft, als durch unbehutsamen Glauben an betrügliche Erzählungen hintergehen zu lassen?

Thorheit und Verstand haben so unkenntlich bezeichnete Grenzen, daß man schwerlich in dem einen Gebiete lange fortgeht, ohne bisweilen einen kleinen Streif in das andre zu thun; aber was die Treuherzigkeit anlangt, die sich bereden läßt, vielen festen Betheuerungen selbst wider die Gegenwehr des Verstandes bisweilen etwas einzuräumen, so scheint sie ein Rest der alten Stammehrlichkeit zu sein, die freilich auf den jetzigen Zustand nicht recht paßt und daher oft zur Thorheit wird, aber darum doch eben nicht als ein natürliches Erbstück der Dummheit angesehen werden muß. Daher überlasse ich es dem Belieben des Lesers bei der wunderlichen Erzählung, mit welcher ich mich bemenge, jene zweideutige Mischung von Vernunft und Leichtgläubigkeit in ihre Elemente aufzulösen und die Proportion beider Ingredientien für meine Denkungsart auszurechnen. Denn da es bei einer solchen Kritik doch nur um die Anständigkeit zu thun ist, so halte ich mich gnugsam vor dem Spott gesichert, dadurch daß ich mit dieser Thorheit, wenn man sie so nennen will, mich gleichwohl in recht guter und zahlreicher Gesellschaft befinde, welches schon gnug ist, wie *Fontenelle* glaubt, um wenigstens nicht für unklug gehalten zu werden. Denn es ist zu allen Zeiten so gewesen und wird auch wohl künftighin so bleiben, daß gewisse widersinnige Dinge selbst bei Vernünftigen Eingang finden, bloß darum weil allgemein davon gesprochen wird. Dahin gehören die Sympathie, die Wünschelruthe, die Ahndungen, die Wirkungen der Einbildungskraft schwangerer Frauen, die Einflüsse der Mondwechsel auf Thiere und Pflanzen u. d. g. Ja hat nicht vor kurzem das gemeine Landvolk den Gelehrten die Spötterei gut vergolten, welche sie gemeiniglich auf dasselbe der Leichtgläubigkeit wegen zu werfen pflegen? Denn durch vieles Hörensagen brachten Kinder und Weiber endlich einen großen Theil kluger Männer dahin, daß sie einen gemeinen Wolf für eine Hyäne hielten, obgleich jetzt ein jeder Vernünftige leicht einsieht, daß in den Wäldern von Frankreich wohl kein afrikanisches Raubthier herumlaufen werde. Die Schwäche des menschlichen Verstandes in Verbindung mit seiner Wißbegierde macht, daß man anfänglich Wahrheit und Betrug ohne Unterschied aufrafft. Aber nach und nach läutern sich die Begriffe, ein kleiner Theil bleibt, das übrige wird als Auskehricht weggeworfen.

Wem also jene Geistererzählungen eine Sache von Wichtigkeit zu sein scheinen, der kann immerhin, im Fall er Geld gnug und nichts Besseres zu thun hat, eine Reise auf eine nähere Erkundigung derselben wagen, so wie *Artemidor* zum Besten der Traumdeutung in Kleinasien herumzog. Es wird ihm auch die Nachkommenschaft von ähnlicher Denkungsart dafür höchlich verbunden sein, daß er verhütete, damit nicht dereinst ein anderer *Philostrat* aufstände, der nach Verlauf vieler Jahre aus unserm Schwedenberg einen neuen *Apollonius von Tyane* machte, wenn das Hörensagen zu einem förmlichen Beweise wird gereift sein, und das ungelegene, obzwar höchstnöthige Verhör der Augenzeugen dereinst unmöglich geworden sein wird.

Zweites Hauptstück.

Ekstatische Reise eines Schwärmers durch die Geisterwelt.

Praktischer Schluß aus der ganzen Abhandlung.

Somnia, terrores magicos, miracula, sagas,
Nocturnos lemures, portentaque Thessala –.

HORATIUS.

Ich kann es dem behutsamen Leser auf keinerlei Weise übel nehmen, wenn sich im Fortgange dieser Schrift einiges Bedenken bei ihm geregt hätte über das Verfahren, das der Verfasser für gut gefunden hat darin zu beobachten. Denn da ich den dogmatischen Theil vor dem historischen und also die Vernunftgründe vor der Erfahrung voranschickte, so gab ich Ursache zu dem Argwohn, als wenn ich mit Hinterlist umginge und, da ich die Geschichte schon vielleicht zum Voraus im Kopfe gehabt haben mochte, mich nur so angestellt hätte, als wüßte ich von nichts, als von reinen, abgesonderten Betrachtungen, damit ich den Leser, der sich nichts dergleichen besorgt, am Ende mit einer erfreulichen Bestätigung aus der Erfahrung überraschen könnte. Und in der That ist dieses auch ein Kunstgriff, dessen die Philosophen sich mehrmals sehr glücklich bedient haben. Denn man muß wissen, daß alle Erkenntniß zwei Enden habe, bei denen man sie fassen kann, das eine a priori, das andere a posteriori. Zwar haben verschiedene Naturlehrer neuerer Zeiten vorgegeben, man müsse es bei dem letzteren anfangen, und glauben den Aal der Wissenschaft beim Schwanze zu erwischen, indem sie sich gnugsamer

Erfahrungskenntnisse versichern und dann so allmählig zu allgemeinen und höheren Begriffen hinaufrücken. Allein ob dieses zwar nicht unklug gehandelt sein möchte: so ist es doch bei weitem nicht gelehrt und philosophisch gnug, denn man ist auf diese Art bald bei einem *Warum*, worauf keine Antwort gegeben werden kann, welches einem Philosophen gerade so viel Ehre macht als einem Kaufmann, der bei einer Wechselzahlung freundlich bittet, ein andermal wieder anzusprechen. Daher haben scharfsinnige Männer, um diese Unbequemlichkeit zu vermeiden, von der entgegengesetzten äußersten Grenze, nämlich dem obersten Punkte der Metaphysik, angefangen. Es findet sich aber hiebei eine neue Beschwerlichkeit, nämlich daß man anfängt, ich weiß nicht *wo*, und kommt, ich weiß nicht *wohin*, und daß der Fortgang der Gründe nicht auf die Erfahrung treffen will, ja daß es scheint, die Atomen des *Epikurs* dürften eher, nachdem sie von Ewigkeit her immer gefallen, einmal von ungefähr zusammenstoßen, um eine Welt zu bilden, als die allgemeinsten und abstractesten Begriffe, um sie zu erklären. Da also der Philosoph wohl sah, daß seine Vernunftgründe einerseits und die wirkliche Erfahrung oder Erzählung andererseits, wie ein Paar Parallellinien wohl ins Undenkliche neben einander fortlaufen würden, ohne jemals zusammen zu treffen, so ist er mit den übrigen, gleich als wenn sie darüber Abrede genommen hätten, übereingekommen ein jeder nach seiner Art den Anfangspunkt zu nehmen und darauf nicht in der geraden Linie der Schlußfolge, sondern mit einem unmerklichen *Clinamen* der Beweisgründe, dadurch daß sie nach dem Ziele gewisser Erfahrungen oder Zeugnisse verstohlen hinschielten, die Vernunft so zu lenken, daß sie gerade dahin treffen mußte, wo der treuherzige Schüler sie nicht vermuthet hatte, nämlich dasjenige zu beweisen, wovon man schon vorher wußte, daß es sollte bewiesen werden. Diesen Weg nannten sie alsdann noch den Weg a priori, ob er wohl unvermerkt durch ausgesteckte Stäbe nach dem Punkte a posteriori gezogen war, wobei aber billigermaßen der, so die Kunst versteht, den Meister nicht verrathen muß. Nach dieser sinnreichen Lehrart haben verschiedene verdienstvolle Männer auf dem bloßen Wege der Vernunft sogar Geheimnisse der Religion ertappt, so wie Romanschreiber die Heldin der Geschichte in entfernte Länder fliehen lassen, damit sie ihrem Anbeter durch ein glückliches Abenteuer von ungefähr aufstoße: et fugit ad salices et se cupit ante videri. VIRG. Ich würde mich also bei so gepriesenen Vorgängern in der Tat nicht zu schämen Ursache haben, wenn ich gleich wirklich eben dasselbe Kunststück gebraucht hätte, um meiner Schrift zu einem erwünschten Ausgange zu verhelfen. Allein ich bitte den Leser gar sehr, dergleichen nicht von mir zu glauben. Was würde es mir auch jetzt helfen, da ich keinen mehr hintergehen kann, nachdem ich das Geheimniß schon ausgeplaudert habe? Zudem habe ich das Unglück, daß das Zeugniß, worauf ich stoße und was meiner philosophischen Hirngeburt so ungemein ähnlich ist, verzweifelt mißgeschaffen und albern aussieht, so daß ich viel eher vermuthen muß, der Leser werde um der Verwandtschaft mit solchen Beistimmungen willen meine Vernunftgründe für ungereimt, als jene um dieser willen für vernünftig halten. Ich sage demnach ohne Umschweif, daß, was solche anzügliche Vergleichungen anlangt, ich keinen Spaß verstehe, und erkläre kurz und gut, daß man entweder in Schwedenbergs Schriften mehr Klugheit und Wahrheit vermuthen müsse, als der erste Anschein blicken läßt, oder daß es nur so von ungefähr komme, wenn er mit meinem System zusammentrifft, wie Dichter bisweilen, wenn sie rasen, weissagen, wie man glaubt, oder wenigstens wie sie selbst sagen, wenn sie dann und wann mit dem Erfolge zusammentreffen.

Ich komme zu meinem Zwecke, nämlich zu den Schriften meines Helden. Wenn manche jetzt vergessene, oder dereinst doch namenlose Schriftsteller kein geringes Verdienst haben, daß sie in der Ausarbeitung großer Werke den Aufwand ihres Verstandes nicht achteten, so gebührt dem Herren Schwedenberg ohne Zweifel die größte Ehre unter allen.

Denn gewiß, seine Flasche in der Mondenwelt ist ganz voll und weicht keiner einzigen unter denen, die *Ariosto* dort mit der hier verlornen Vernunft angefüllt gesehen hat, und die ihre Besitzer dereinst werden wiedersuchen müssen, so völlig entleert ist das große Werk von einem jeden Tropfen derselben. Nichts destoweniger herrscht darin eine so wundersame Übereinkunft mit demjenigen, was die feinste Ergrübelung der Vernunft über den ähnlichen Gegenstand herausbringen kann, daß der Leser mir es verzeihen wird, wenn ich hier diejenige Seltenheit in den Spielen der Einbildung finde, die so viel andere Sammler in den Spielen der Natur angetroffen haben, als wenn sie etwa im fleckichten Marmor die heilige Familie, oder in Bildungen von Tropfstein Mönche, Taufstein und Orgeln, oder sogar, wie der Spötter *Liscow* auf einer gefrorenen Fensterscheibe die Zahl des Thieres und die dreifache Krone entdecken; lauter Dinge, die niemand sonst sieht, als dessen Kopf schon vorher damit angefüllt ist.

Das große Werk dieses Schriftstellers enthält acht Quartbände voll Unsinn, welche unter dem Titel: Arcana caelestia, der Welt als eine neue Offenbarung vorlegt, und wo seine Erscheinungen mehrentheils auf die Entdeckung des geheimen Sinnes in den zwei ersten Büchern Mosis und eine ähnliche Erklärungsart der ganzen H. Schrift angewendet werden. Alle diese schwärmende Auslegungen gehen mich hier nichts an; man kann aber, wenn man will, einige Nachrichten von denselben in des Herrn Doctor Ernesti Theol. Bibliothek im ersten Bande aufsuchen. Nur die audita et visa, d. i. was seine eigne Augen sollen gesehen und eigene Ohren gehört haben, sind alles, was wir vornehmlich aus den Beilagen zu seinen Capiteln ziehen wollen, weil sie allen übrigen Träumereien zum Grunde liegen und auch ziemlich in das Abenteuer einschlagen, das wir oben auf dem Luftschiffe der Metaphysik gewagt haben. Der Stil des Verfassers ist platt. Seine Erzählungen und ihre Zusammenordnung scheinen in der That aus *fanatischem Anschauen* entsprungen zu sein und geben gar wenig Verdacht, daß speculative Hirngespinste einer verkehrt grüblenden Vernunft ihn bewogen haben sollten, dieselbe zu erdichten und zum Betruge anzulegen. In so fern haben sie also einige Wichtigkeit und verdienen wirklich in einem kleinen Auszuge vorgestellt zu werden, vielleicht mehr, als so manche Spielwerke hirnloser Vernünftler, welche unsere Journale anschwellen, weil eine zusammenhängende Täuschung der Sinne überhaupt ein viel merkwürdiger Phänomenon ist, als der Betrug der Vernunft, dessen Gründe bekannt genug sind, und der auch großen Theils durch willkürliche Richtung der Gemüthskräfte und etwas mehr Bändigung eines leeren Vorwitzes könnte verhütet werden, da hingegen jene das erste Fundament aller Urtheile betrifft, dawider, wenn es unrichtig ist, die Regeln der Logik wenig vermögen! Ich sondere also bei unserm Verfasser den *Wahnsinn* vom *Wahnwitze* ab und übergehe dasjenige, was er auf eine verkehrte Weise klügelt, indem er nicht bei seinen *Visionen* stehen bleibt, eben so wie man sonst vielfältig bei einem Philosophen dasjenige, was er *beobachtet*, von dem absondern muß, was er *vernünftelt*, und sogar *Scheinerfahrungen* mehrentheils lehrreicher sind, als die *Scheingründe* aus der Vernunft. Indem ich also dem Leser einige von den Augenblicken raube, die er sonst vielleicht mit nicht viel größerem Nutzen auf die Lesung *gründlicher* Schriften von eben der Materie würde verwandt haben, so sorge ich zugleich für die Zärtlichkeit seines Geschmacks, da ich mit Weglassung vieler wilden Chimären die Quintessenz des Buchs auf wenig Tropfen bringe, wofür ich mir von ihm eben so viel Dank verspreche, als ein gewisser Patient glaubte den Ärzten schuldig zu sein, daß sie ihn nur die Rinde von der Quinquina verzehren ließen, da sie ihn leichtlich hätten nöthigen können den ganzen Baum aufzuessen.

Herr Schwedenberg theilt seine Erscheinungen in drei Arten ein, davon die *erste* ist, vom Körper befreiet zu werden: ein mittlerer Zustand zwischen Schlafen und

Wachen, worin er Geister gesehen, gehört, ja gefühlt hat. Dergleichen ist ihm nur drei- oder viermal begegnet. Die *zweite* ist, vom Geiste weggeführt zu werden, da er etwa auf der Straße geht, ohne sich zu verwirren, indessen daß er im Geiste in ganz anderen Gegenden ist und anderwärts Häuser, Menschen, Wälder u. d. g. deutlich sieht, und dieses wohl einige Stunden lang, bis er sich plötzlich wiederum an seinem rechten Orte gewahr wird. Dieses ist ihm zwei- bis dreimal zugestoßen. Die *dritte* Art der Erscheinungen ist die gewöhnliche, welche er täglich im völligen Wachen hat, und davon auch hauptsächlich diese seine Erzählungen hergenommen sind.

Alle Menschen stehen seiner Aussage nach in gleich inniglicher Verbindung mit der Geisterwelt; nur sie empfinden es nicht, und der Unterschied zwischen ihm und den andern besteht nur darin, *daß sein Innerstes aufgethan* ist, von welchem Geschenke er jederzeit mit Ehrerbietigkeit redet (datum mihi est ex divina Domini misericordia). Man sieht aus dem Zusammenhange, daß diese Gabe darin bestehen soll, sich der dunkelen Vorstellungen bewußt zu werden, welche die Seele durch ihre beständige Verknüpfung mit der Geisterwelt empfängt. Er unterscheidet daher an dem Menschen das äußere und innere Gedächtniß. Jenes hat er als eine Person, die zu der sichtbaren Welt gehört, dieses aber kraft seines Zusammenhanges mit der Geisterwelt.

Darauf gründet sich auch der Unterschied des äußeren und inneren Menschen, und sein eigener Vorzug besteht darin, daß er schon in diesem Leben als eine Person sich in der Gesellschaft der Geister sieht und von ihnen auch als eine solche erkannt wird. In diesem innern Gedächtniß wird auch alles aufbehalten, was aus dem äußeren verschwunden war, und es geht nichts von allen Vorstellungen eines Menschen jemals verloren. Nach dem Tode ist die Erinnerung alles desjenigen, was jemals in seine Seele kam und was ihm selbst ehedem verborgen blieb, das vollständige Buch seines Lebens.

Die Gegenwart der Geister trifft zwar nur seinen innern Sinn. Dieses erregt ihm aber die Apparenz derselben als außer ihm und zwar unter einer menschlichen Figur. Die Geistersprache ist eine unmittelbare Mittheilung der Ideen, sie ist aber jederzeit mit der Apparenz derjenigen Sprache verbunden, die er sonst spricht, und wird vorgestellt als außer ihm. Ein Geist liest in eines andern Geistes Gedächtniß die Vorstellungen, die dieser darin mit Klarheit enthält. So sehen die Geister in Schwedenbergen seine Vorstellungen, die er von dieser Welt hat, mit so klarem Anschauen, daß sie sich dabei selbst hintergehen und sich öfters einbilden, sie sehen unmittelbar die Sachen, welches doch unmöglich ist, denn kein reiner Geist hat die mindeste Empfindung von der körperlichen Welt; allein durch die

Gemeinschaft mit andern Seelen lebender Menschen können sie auch keine Vorstellung davon haben, weil ihr Innerstes nicht aufgethan ist, d. i. ihr innerer Sinn gänzlich dunkele Vorstellungen enthält. Daher ist Schwedenberg das rechte Orakel der Geister, welche eben so neugierig sind in ihm den gegenwärtigen Zustand der Welt zu beschauen, als er es ist in ihrem Gedächtniß wie in einem Spiegel die Wunder der Geisterwelt zu betrachten. Obgleich diese Geister mit allen andern Seelen lebender Menschen gleichfalls in der genauesten Verbindung stehen und in dieselbe wirken oder von ihnen leiden, so wissen sie doch dieses eben so wenig, als es die Menschen wissen, weil dieser ihr innerer Sinn, welcher zu ihrer geistigen Persönlichkeit gehört, ganz dunkel ist. Es meinen also die Geister: daß dasjenige, was aus dem Einflusse der Menschenseelen in ihnen gewirkt worden, von ihnen allein gedacht sei, so wie auch die Menschen in diesem Leben nicht anders glauben, als daß alle ihre Gedanken und Willensregungen aus ihnen selbst entspringen, ob sie gleich in der That oftmals aus der unsichtbaren Welt in sie übergehen. Indessen hat eine jede menschliche Seele schon in diesem Leben ihre Stelle in der Geisterwelt und gehört zu einer gewissen Societät, die jederzeit ihrem innern Zustande des Wahren und Guten, d. i. des Verstandes und Willens, gemäß ist. Es haben aber die Stellen der Geister untereinander nichts mit dem Raume der körperlichen Welt gemein; daher die Seele eines Menschen in Indien mit der eines andern in Europa, was die geistige Lagen betrifft, oft die nächste Nachbaren sind, und dagegen die, so dem Körper nach in einem Hause wohnen, nach jenen Verhältnissen weit gnug von einander entfernt sein können. Stirbt der Mensch, so verändert die Seele nicht ihre Stelle, sondern empfindet sich nur in derselben, darin sie in Ansehung anderer Geister schon in diesem Leben war. Übrigens, obgleich das Verhältniß der Geister untereinander kein wahrer Raum ist, so hat dasselbe doch bei ihnen die Apparenz desselben, und ihre Verknüpfungen werden unter der begleitenden Bedingung der Naheiten, ihre Verschiedenheiten aber als Weiten vorgestellt, so wie die Geister selber wirklich nicht ausgedehnt sind, einander aber doch die Apparenz einer menschlichen Figur geben. In diesem eingebildeten Raume ist eine durchgängige Gemeinschaft der geistigen Naturen. Schwedenberg spricht mit abgeschiedenen Seelen, wenn es ihm beliebt, und liest in ihrem Gedächtniß (Vorstellungskraft) denjenigen Zustand, darin sie sich selbst beschauen, und sieht diesen eben so klar als mit leiblichen Augen. Auch ist die ungeheure Entfernung der vernünftigen Bewohner der Welt in Absicht auf das geistige Weltganze für nichts zu halten, und mit einem Bewohner des Saturns zu reden, ist ihm eben so leicht, als eine abgeschiedene Menschenseele zu sprechen. Alles kommt auf das Verhältniß des innern Zustandes und auf die Verknüpfung an, die sie untereinander nach ihrer Übereinstimmung im *Wahren* und im *Guten* haben; die entferntere Geister aber können leichtlich durch Vermittelung anderer in Gemeinschaft kommen. Daher braucht der Mensch auch nicht in den übrigen Weltkörpern wirklich gewohnt zu haben, um dieselbe dereinst mit allen ihren Wundern zu kennen. Seine Seele lieset in dem Gedächtnisse anderer abgeschiedenen Weltbürger ihre Vorstellungen, die diese von ihrem Leben und Wohnplatze haben, und sieht darin die Gegenstände so gut wie durch ein unmittelbares Anschauen.

Ein Hauptbegriff in Schwedenbergs Phantasterei ist dieser: Die körperliche Wesen haben keine eigene Subsistenz, sondern bestehen lediglich durch die Geisterwelt, wiewohl ein jeder Körper nicht durch einen Geist allein, sondern durch alle zusammengenommen. Daher hat die Erkenntniß der materiellen Dinge zweierlei Bedeutung, einen äußerlichen Sinn in Verhältniß der Materie aufeinander und einen innern, in so fern sie als Wirkungen die Kräfte der Geisterwelt bezeichnen, die ihre Ursachen sind. So hat der Körper des Menschen ein Verhältniß der Theile untereinander nach materiellen Gesetzen; aber in so fern er durch den Geist, der in ihm lebt, erhalten wird, haben seine verschiedene Gliedmaßen und ihre Funktionen einen bezeichnenden Werth für diejenige Seelenkräfte, durch deren Wirkung sie ihre Gestalt, Thätigkeit und Beharrlichkeit haben. Dieser innere Sinn ist den Menschen unbekannt, und den hat Schwedenberg, dessen Innerstes aufgethan ist, den Menschen bekannt machen wollen. Mit allen andern Dingen der sichtbaren Welt ist es eben so bewandt, sie haben, wie gesagt, eine Bedeutung als Sachen, welches wenig ist, und eine andere als Zeichen, welches mehr ist. Dieses ist auch der Ursprung der neuen Auslegungen, die er von der Schrift hat machen wollen. Denn der innere Sinn, nämlich die symbolische Beziehung aller darin erzählten Dinge auf die Geisterwelt, ist, wie er schwärmt, der Kern ihres Werths, das übrige ist nur die Schale. Was aber wiederum in dieser symbolischen Verknüpfung körperlicher Dinge als Bilder mit dem innern geistigen Zustande wichtig ist, besteht darin: Alle Geister stellen sich einander jederzeit unter dem Anschein ausgedehnter Gestalten vor, und die Einflüsse aller dieser geistigen Wesen untereinander erregen ihnen zugleich die Apparenz von noch andern ausgedehnten Wesen und gleichsam von einer materialen Welt, deren Bilder doch nur Symbolen ihres inneren Zustandes sind, aber gleichwohl eine so klare und dauerhafte Täuschung des Sinnes verursachen, daß solche der wirklichen Empfindung solcher Gegenstände gleich ist. (Ein künftiger Ausleger wird daraus schließen: daß Schwedenberg ein Idealist sei, weil er der Materie dieser Welt auch die eigne Subsistenz abspricht und sie daher vielleicht nur für eine zusammenhängende Erscheinung halten mag, welche aus der Verknüpfung der Geisterwelt entspringt.) Er redet also von Gärten, weitläuftigen Gegenden, Wohnplätzen, Gallerien und Arcaden der Geister, die er mit eigenen Augen in dem klärsten Lichte sähe, und versichert: daß, da er mit allen seinen Freunden nach ihrem Tode vielfältig gesprochen, er an denen, die nur kürzlich gestorben, fast jederzeit gefunden hätte, daß sie sich kaum hätten überreden können gestorben zu sein, weil sie eine ähnliche Welt um sich sähen; imgleichen, daß Geistergesellschaften von einerlei innerem Zustande einerlei Apparenz der Gegend und anderer daselbst befindlichen Dinge hätten, die Veränderung ihres Zustandes aber sei mit dem Schein der Veränderung des Orts verbunden. Weil nun jederzeit, wenn die Geister den Menschenseelen ihre Gedanken mittheilen, diese mit der Apparenz materieller Dinge verbunden sind, welche im Grunde nur kraft einer Beziehung auf den geistigen Sinn, doch mit allem Schein der Wirklichkeit sich demjenigen vormalen, der solche empfängt, so ist daraus der Vorrath der wilden und unaussprechlich albernen Gestalten herzuleiten, welche unser Schwärmer bei seinem täglichen Geisterumgange in aller Klarheit zu sehen glaubt.

Ich habe schon angeführt, daß nach unserm Verfasser die mancherlei Kräfte und Eigenschaften der Seele mit den ihrer Regierung untergeordneten Organen des Körpers in Sympathie stehen. Der ganze äußerere Mensch correspondirt also dem ganzen innern Menschen, und wenn daher ein merklicher geistiger Einfluß aus der unsichtbaren Welt eine oder andere dieser seiner Seelenkräfte vorzüglich trifft, so empfindet er auch harmonisch die apparente Gegenwart desselben an den Gliedmaßen seines äußeren Menschen, die diesen correspondiren. Dahin bezieht er nun eine große Mannigfaltigkeit von Empfindungen an seinem Körper, die jederzeit mit der geistigen Beschauung verbunden sind, deren Ungereimtheit aber zu groß ist, als daß ich es wagen dürfte nur eine einzige derselben anzuführen.

Hieraus kann man sich nun, wofern man es der Mühe werth hält, einen Begriff von der abenteuerlichsten und seltsamsten Einbildung machen, in welche sich alle seine Träumereien vereinbaren. So wie nämlich verschiedene Kräfte und Fähigkeiten diejenige Einheit ausmachen, welche die Seele oder der innere Mensch ist, so machen auch verschiedene Geister (deren Hauptcharaktere sich eben so auf einander beziehen, wie die mancherlei Fähigkeiten eines Geistes untereinander) eine Societät aus, welche die Apparenz eines großen Menschen an sich zeigt, und in welchem Schattenbilde ein jeder Geist sich an demjenigen Orte und in den scheinbaren Gliedmaßen sieht, die seiner eigenthümlichen Verrichtung in einem solchen geistigen Körper gemäß sind. Alle Geistersocietäten aber zusammen und die ganze Welt aller dieser unsichtbaren Wesen erscheint zuletzt selbst wiederum in der Apparenz des *größten Menschen*. Eine ungeheure und riesenmäßige Phantasie, zu welcher sich vielleicht eine alte kindische Vorstellung ausgedehnt hat, wenn etwa in Schulen, um dem Gedächtniß zu Hülfe zu kommen, ein ganzer Welttheil unter dem Bilde einer sitzenden Jungfrau u. d. g. den Lehrlingen vorgemalt wird. In diesem unermeßlichen Menschen ist eine durchgängige innigste Gemeinschaft eines Geistes mit allen und aller mit einem, und wie auch immer die Lage der lebenden Wesen gegeneinander in dieser Welt, oder deren Veränderung beschaffen sein mag, so haben sie doch eine ganz andere Stelle im größten Menschen, welche sie niemals verändern und welche nur dem Scheine nach ein Ort in einem unermeßlichen Raume, in der That aber eine bestimmte Art ihrer Verhältnisse und Einflüsse ist.

Ich bin es müde die wilden Hirngespinste des ärgsten Schwärmers unter allen zu copiren, oder solche bis zu seinen Beschreibungen vom Zustande nach dem Tode fortzusetzen. Ich habe auch noch andere Bedenklichkeiten. Denn obgleich ein Natursammler unter den präparirten Stücken thierischer Zeugungen nicht nur solche, die in natürlicher Form gebildet sind, sondern auch Mißgeburten in seinem Schranke aufstellt, so muß er doch behutsam sein, sie nicht jedermann und nicht gar zu deutlich sehen zu lassen. Denn es können unter den Vorwitzigen leichtlich schwangere Personen sein, bei denen es einen schlimmen Eindruck machen dürfte. Und da unter meinen Lesern einige in Ansehung der idealen Empfängniß eben sowohl in andern Umständen sein mögen, so würde es mir leid thun, wenn sie sich hier etwa woran sollten versehen haben. Indessen weil ich sie doch gleich anfangs gewarnt habe, so stehe ich für nichts und hoffe, man werde mir die Mondkälber nicht aufbürden, die bei dieser Veranlassung von ihrer fruchtbaren Einbildung möchten geboren werden.

Übrigens habe ich den Träumereien unseres Verfassers keine eigene unterschoben, sondern solche durch einen getreuen Auszug dem bequemen und wirthschaftlichen Leser (der einem kleinen Vorwitze nicht so leicht 7 Pfund Sterlinge aufopfern möchte) dargeboten. Zwar sind die unmittelbare Anschauungen mehrentheils von mir weggelassen worden, weil dergleichen wilde Hirngespinste nur den Nachtschlaf des Lebens stören würden; auch ist der verworrene Sinn seiner Eröffnungen hin und wieder in eine etwas gangbare Sprache eingekleidet worden; allein die Hauptzüge des Abrisses haben dadurch in ihrer Richtigkeit nicht gelitten. Gleichwohl ist es nur umsonst es verhehlen zu wollen, weil es Jedermann doch so in die Augen fällt, daß alle diese Arbeit am Ende auf nichts herauslaufe. Denn da die vorgegebene Privaterscheinungen des Buchs sich selbst nicht beweisen können, so konnte der Bewegsgrund, sich mit ihnen abzugeben, nur in der Vermuthung liegen, daß der Verfasser zur Beglaubigung derselben sich vielleicht auf Vorfälle von der oben erwähnten Art, die durch lebende Zeugen bestätigt werden können, berufen würde. Dergleichen aber findet man nirgend. Und so ziehen wir uns mit einiger Beschämung von einem thörichten Versuche zurück mit der vernünftigen, obgleich etwas späten Anmerkung: daß das Klugdenken mehrentheils eine leichte Sache sei, aber leider nur, nachdem man sich eine Zeit lang hat hintergehen lassen.

Ich habe einen undankbaren Stoff bearbeitet, den mir die Nachfrage und Zudringlichkeit vorwitziger und müßiger Freunde unterlegte. Indem ich diesem Leichtsinn meine Bemühung unterwarf, so habe ich zugleich dessen Erwartung betrogen und weder dem

Neugierigen durch Nachrichten, noch dem Forschenden durch Vernunftgründe etwas zur Befriedigung ausgerichtet. Wenn keine andre Absicht diese Arbeit beseelte, so habe ich meine Zeit verloren: ich habe das Zutrauen des Lesers verloren, dessen Erkundigung und Wißbegierde ich durch einen langweiligen Umweg zu demselben Punkte der Unwissenheit geführt habe, aus welchem er herausgegangen war. Allein ich hatte in der That einen Zweck vor Augen, der mir wichtiger scheint als der, welchen ich vorgab, und diesen meine ich erreicht zu haben. Die Metaphysik, in welche ich das Schicksal habe verliebt zu sein, ob ich mich gleich von ihr nur selten einiger Gunstbezeugungen rühmen kann, leistet zweierlei Vortheile. Der erste ist, den Aufgaben ein Gnüge zu thun, die das forschende Gemüth aufwirft, wenn es verborgenern Eigenschaften der Dinge durch Vernunft nachspäht. Aber hier täuscht der Ausgang nur gar zu oft die Hoffnung und ist diesmal auch unsern begierigen Händen entgangen.

Ter frustra comprensa manus effugit imago
Par levibus ventis volucrique simillima somno.

VIRG.

Der andre Vortheil ist der Natur des menschlichen Verstandes mehr angemessen und besteht darin: einzusehen, ob die Aufgabe aus demjenigen, was man wissen kann, auch bestimmt sei und welches Verhältniß die Frage zu den Erfahrungsbegriffen habe, darauf sich alle unsre Urtheile jederzeit stützen müssen. In so fern ist die Metaphysik eine Wissenschaft von den *Grenzen der menschlichen Vernunft*, und da ein kleines Land jederzeit viel Grenze hat, überhaupt auch mehr daran liegt seine Besitzungen wohl zu kennen und zu behaupten, als blindlings auf Eroberungen auszugehen, so ist dieser Nutzen der erwähnten Wissenschaft der unbekannteste und zugleich der wichtigste, wie er denn auch nur ziemlich spät und nach langer Erfahrung erreicht wird. Ich habe diese Grenze hier zwar nicht genau bestimmt, aber doch in so weit angezeigt, daß der Leser bei weiterem Nachdenken finden wird, er könne sich aller vergeblichen Nachforschung überheben in Ansehung einer Frage, wozu die data in einer andern Welt, als in welcher er empfindet, anzutreffen sind. Ich habe also meine Zeit verloren, damit ich sie gewönne. Ich habe meinen Leser hintergangen, damit ich ihm nützte, und wenn ich ihm gleich keine neue Einsicht darbot, so vertilgte ich doch den Wahn und das eitele Wissen, welches den Verstand aufbläht und in seinem engen Raume den Platz ausfüllt, den die Lehren der Weisheit und der nützlichen Unterweisung einnehmen könnten.

Wen die bisherigen Betrachtungen ermüdet haben, ohne ihn zu belehren, dessen Ungeduld kann sich nunmehr damit aufrichten, was *Diogenes* wie man sagt, seinen gähnenden Zuhörern zusprach, als er das letzte Blatt eines langweiligen Buchs sah: *Courage* meine Herren, *ich sehe Land*. Vorher wandelten wir wie *Demokrit* im leeren Raume, wohin uns die *Schmetterlingsflügel* der Metaphysik gehoben hatten, und unterhielten uns daselbst mit geistigen Gestalten. Jetzt, da die *stiptische* Kraft der Selbsterkenntniß die seidene Schwingen zusammengezogen hat, sehen wir uns wieder auf dem niedrigen Boden der Erfahrung und des gemeinen Verstandes; glücklich! wenn wir denselben als unseren angewiesenen Platz betrachten, aus welchem wir niemals ungestraft hinausgehen, und der auch alles enthält, was uns befriedigen kann, so lange wir uns am Nützlichen halten.

Drittes Hauptstück.

Praktischer Schluß aus der ganzen Abhandlung.

Einem jeden Vorwitze nachzuhängen und der Erkenntnißsucht keine andre Grenzen zu verstatten als das Unvermögen, ist ein Eifer, welcher der *Gelehrsamkeit* nicht übel ansteht. Allein unter unzähligen Aufgaben, die sich selbst darbieten, diejenige auswählen, deren Auflösung dem Menschen angelegen ist, ist das Verdienst der *Weisheit*. Wenn die

Wissenschaft ihren Kreis durchlaufen hat, so gelangt sie natürlicher Weise zu dem Punkte eines bescheidenen Mißtrauens und sagt, unwillig über sich selbst: *Wie viel Dinge giebt es doch, die ich nicht einsehe!* Aber die durch Erfahrung gereifte Vernunft, welche zur Weisheit wird, spricht in dem Munde des *Sokrates* mitten unter den Waaren eines Jahrmarkts mit heiterer Seele: *Wie viel Dinge gibt es doch, die ich alle nicht brauche!* Auf solche Art fließen endlich zwei Bestrebungen von so unähnlicher Natur in eine zusammen, ob sie gleich anfangs nach sehr verschiedenen Richtungen ausgingen, indem die erste eitel und unzufrieden, die zweite aber gesetzt und gnügsam ist. Denn um vernünftig zu wählen, muß man vorher selbst das Entbehrliche, ja das Unmögliche kennen; aber endlich gelangt die Wissenschaft zu der Bestimmung der ihr durch die Natur der menschlichen Vernunft gesetzten Grenzen; alle bodenlose Entwürfe aber, die vielleicht an sich selbst nicht unwürdig sein mögen, nur daß sie außer der Sphäre des Menschen liegen, fliehen auf den *Limbus* der Eitelkeit. Alsdann wird selbst die Metaphysik dasjenige, wovon sie jetzt noch ziemlich weit entfernt ist, und was man von ihr am wenigsten vermuthen sollte, die *Begleiterin der Weisheit*. Denn so lange die Meinung einer Möglichkeit, zu so entfernten Einsichten zu gelangen, übrig bleibt, so ruft die *weise Einfalt* vergeblich, daß solche große Bestrebungen entbehrlich seien. Die Annehmlichkeit, welche die Erweiterung des Wissens begleitet, wird sehr leicht den Schein der Pflichtmäßigkeit annehmen und aus jener vorsetzlichen und überlegten Gnügsamkeit eine *dumme Einfalt* machen, die sich der Veredelung unserer Natur entgegensetzen will. Die Fragen von der geistigen Natur, von der Freiheit und Vorherbestimmung, dem künftigen Zustande u. d. g. bringen anfänglich alle Kräfte des Verstandes in Bewegung und ziehen den Menschen durch ihre Vortrefflichkeit in den Wetteifer der Speculation, welche ohne Unterschied klügelt und entscheidet, lehrt oder widerlegt, wie es die Scheineinsicht jedesmal mit sich bringt. Wenn diese Nachforschung aber in Philosophie ausschlägt, die über ihr eigen Verfahren urtheilt, und die nicht die Gegenstände allein, sondern deren Verhältniß zu dem Verstande des Menschen kennt, so ziehen sich die Grenzen enger zusammen, und die Marksteine werden gelegt, welche die Nachforschung aus ihrem eigenthümlichen Bezirke niemals mehr ausschweifen lassen. Wir haben einige Philosophie nöthig gehabt, um die Schwierigkeiten zu kennen, welche einen Begriff umgeben, den man gemeiniglich als sehr bequem und alltäglich behandelt. Etwas mehr Philosophie entfernt dieses Schattenbild der Einsicht noch mehr und überzeugt uns, daß es gänzlich außer dem Gesichtskreise der Menschen liege. Denn in den

Verhältnissen der Ursache und Wirkung, der Substanz und der Handlung dient anfänglich die Philosophie dazu, die verwickelte Erscheinungen aufzulösen und solche auf einfachere Vorstellungen zu bringen. Ist man aber endlich zu den Grundverhältnissen gelangt, so hat das Geschäfte der Philosophie sein Ende, und wie etwas könne eine Ursache sein oder eine Kraft haben, ist unmöglich jemals durch Vernunft einzusehen, sondern diese Verhältnisse müssen lediglich aus der Erfahrung genommen werden. Denn unsere Vernunftregel geht nur auf die Vergleichung der *Identität* und dem *Widerspruche*. So fern aber etwas eine Ursache ist, so wird durch *Etwas* etwas *Anders* gesetzt, und es ist also kein Zusammenhang vermöge der Einstimmung anzutreffen; wie denn auch, wenn ich eben dasselbe nicht als eine Ursache ansehen will, niemals ein Widerspruch entspringt, weil es sich nicht contradicirt, wenn etwas gesetzt ist, etwas anderes aufzuheben. Daher die Grundbegriffe der Dinge als Ursachen, die der Kräfte und Handlungen, wenn sie nicht aus der Erfahrung hergenommen sind, gänzlich willkürlich sind und weder bewiesen noch widerlegt werden können. Ich weiß wohl, daß das Denken und Wollen meinen Körper bewege, aber ich kann diese Erscheinung als eine einfache Erfahrung niemals durch Zergliederung auf eine andere bringen und sie daher wohl erkennen, aber nicht einsehen. Daß mein Wille meinen Arm bewegt, ist mir nicht verständlicher, als wenn jemand sagte, daß derselbe auch den Mond in seinem Kreise zurückhalten könnte; der Unterschied ist nur dieser: daß ich jenes erfahre, dieses aber niemals in meine Sinne gekommen ist. Ich erkenne in mir Veränderungen als in einem Subjecte, was lebt, nämlich Gedanken, Willkür u. u., und weil diese Bestimmungen von anderer Art sind als alles, was zusammengenommen meinen Begriff vom Körper macht, so denke ich mir billigermaßen ein unkörperliches und beharrliches Wesen. Ob dieses auch ohne Verbindung mit dem Körper denken werde, kann vermittelst dieser aus Erfahrung erkannten Natur niemals geschlossen werden. Ich bin mit meiner Art Wesen durch Vermittelung körperlicher Gesetze in Verknüpfung, ob ich aber auch sonst nach andern Gesetzen, welche ich pneumatisch nennen will, ohne die Vermittelung der Materie in Verbindung stehe, oder jemals stehen werde, kann ich auf keinerlei Weise aus demjenigen schließen, was mir gegeben ist. Alle solche Urtheile, wie diejenige von der Art, wie meine Seele den Körper bewegt, oder mit andern Wesen ihrer Art jetzt oder künftig in Verhältniß steht, können niemals etwas mehr als Erdichtungen sein und zwar bei weitem nicht einmal von demjenigen Werthe, als die in der Naturwissenschaft, welche man Hypothesen nennt, bei welchen man keine Grundkräfte ersinnt, sondern diejenige, welche man durch Erfahrung schon kennt, nur auf eine den Erscheinungen angemessene Art verbindet, und deren Möglichkeit sich also jederzeit muß können beweisen lassen; dagegen im ersten Falle selbst neue Fundamentalverhältnisse von Ursache und Wirkung angenommen werden, in welchen man niemals den mindesten Begriff ihrer Möglichkeit haben kann und also nur schöpferisch oder chimärisch, wie man es nennen will, dichtet. Die Begreiflichkeit verschiedener wahren, oder angeblichen Erscheinungen aus dergleichen angenommenen Grundideen dient diesen zu gar keinem Vortheile. Denn man kann leicht von allem Grund angeben, wenn man berechtigt ist, Thätigkeiten und Wirkungsgesetze zu ersinnen, wie man will. Wir müssen also warten, bis wir vielleicht in der künftigen Welt durch neue Erfahrungen und neue Begriffe von den uns noch verborgenen Kräften in unserm denkenden Selbst werden belehrt werden. So haben uns die Beobachtungen späterer Zeiten, nachdem sie durch Mathematik aufgelöset worden, die Kraft der Anziehung an der Materie offenbart, von deren Möglichkeit (weil sie eine Grundkraft zu sein scheint) man sich niemals einigen ferneren Begriff wird machen können. Diejenige, welche, ohne den Beweis aus der Erfahrung in Händen zu haben, vorher sich eine solche Eigenschaft hätten ersinnen wollen, würden als Thoren mit Recht verdient haben ausgelacht zu werden. Da nun die Vernunftgründe in dergleichen Fällen weder zur Erfindung noch zur Bestätigung der Möglichkeit oder Unmöglichkeit von der mindesten Erheblichkeit sind: so kann man nur den Erfahrungen das Recht der Entscheidung einräumen, so wie ich es auch der Zeit, welche Erfahrung bringt, überlasse, etwas über die gepriesene Heilkräfte des Magnets in Zahnkrankheiten auszumachen, wenn sie eben so viel Beobachtungen wird vorzeigen können, daß magnetische Stäbe auf Fleisch und Knochen wirken, als wir schon vor uns haben, daß es auf Eisen und Stahl geschehe. Wenn aber gewisse angebliche Erfahrungen sich in kein unter den meisten Menschen einstimmiges Gesetz der Empfindung bringen lassen und also nur eine Regellosigkeit in den Zeugnissen der Sinne beweisen würden (wie es in der That mit den herumgehenden Geistererzählungen bewandt ist), so ist rathsam sie nur abzubrechen: weil der Mangel der Einstimmung und Gleichförmigkeit alsdann der historischen Erkenntniß alle Beweiskraft nimmt und sie untauglich macht, als ein Fundament zu irgend einem Gesetze der Erfahrung zu dienen, worüber der Verstand urtheilen könnte.

So wie man einerseits durch etwas tiefere Nachforschung einsehen lernt, daß die überzeugende und philosophische Einsicht in dem Falle, wovon wir reden, *unmöglich* sei, so wird man auch andererseits bei einem ruhigen und vorurtheilsfreien Gemüthe gestehen müssen, daß sie entbehrlich und *unnöthig* sei. Die Eitelkeit der Wissenschaft entschuldigt gerne ihre Beschäftigung mit dem Vorwande der Wichtigkeit, und so giebt man auch hier gemeiniglich vor, daß die Vernunfteinsicht von der geistigen Natur der Seele zu der Überzeugung von dem Dasein nach dem Tode, diese aber zum Bewegungsgrunde eines tugendhaften Lebens sehr nöthig sei; die müßige Neubegierde aber setzt hinzu, daß die Wahrhaftigkeit der Erscheinungen abgeschiedener Seelen von allem diesem sogar einen Beweis aus der Erfahrung abgeben könne. Allein die wahre Weisheit ist die Begleiterin der Einfalt, und da bei ihr das Herz dem Verstande die Vorschrift giebt, so macht sie gemeiniglich die große Zurüstungen der Gelehrsamkeit entbehrlich, und ihre Zwecke bedürfen nicht solcher Mittel, die nimmermehr in aller Menschen Gewalt sein können. Wie? ist es denn nur darum gut tugendhaft zu sein, weil es eine andre Welt giebt, oder werden die Handlungen nicht vielmehr dereinst belohnt werden, weil sie an sich selbst gut und tugendhaft waren? Enthält das Herz des Menschen nicht unmittelbare sittliche Vorschriften, und muß man, um ihn allhier seiner Bestimmung gemäß zu bewegen, durchaus die Maschinen an eine andere Welt ansetzen? Kann derjenige wohl redlich, kann er wohl tugendhaft heißen, welcher sich gern seinen

Lieblingslastern ergeben würde, wenn ihn nur keine künftige Strafe schreckte, und wird man nicht vielmehr sagen müssen, daß er zwar die Ausübung der Bosheit scheue, die lasterhafte Gesinnung aber in seiner Seele nähre, daß er den Vortheil der tugendähnlichen Handlungen liebe, die Tugend selbst aber hasse? Und in der That lehrt die Erfahrung auch: daß so viele, welche von der künftigen Welt belehrt und überzeugt sind, gleichwohl dem Laster und der Niederträchtigkeit ergeben, nur auf Mittel sinnen, den drohenden Folgen der Zukunft arglistig auszuweichen; aber es hat wohl niemals eine rechtschaffene Seele gelebt, welche den Gedanken hätte ertragen können, daß mit dem Tode alles zu Ende sei, und deren edle Gesinnung sich nicht zur Hoffnung der Zukunft erhoben hätte. Daher scheint es der menschlichen Natur und der Reinigkeit der Sitten gemäßer zu sein: die Erwartung der künftigen Welt auf die Empfindungen einer wohlgearteten Seele, als umgekehrt ihr Wohlverhalten auf die Hoffnung der andern Welt zu gründen. So ist auch der *moralische Glaube* bewandt, dessen Einfalt mancher Spitzfindigkeit des Vernünftelns überhoben sein kann, und welcher einzig und allein dem Menschen in jeglichem Zustande angemessen ist, indem er ihn ohne Umschweif zu seinen wahren Zwecken führt. Laß uns demnach alle lärmende Lehrverfassungen von so entfernten Gegenständen der Speculation und der Sorge müßiger

Köpfe überlassen. Sie sind uns in der That gleichgültig, und der augenblickliche Schein der Gründe für oder dawider mag vielleicht über den Beifall der Schulen, schwerlich aber etwas über das künftige Schicksal der Redlichen entscheiden. Es war auch die menschliche Vernunft nicht gnugsam dazu beflügelt, daß sie so hohe Wolken theilen sollte, die uns die Geheimnisse der andern Welt aus den Augen ziehen, und den Wißbegierigen, die sich nach derselben so angelegentlich erkundigen, kann man den einfältigen, aber sehr natürlichen Bescheid geben: daß es wohl an rathsamsten sei, *wenn sie sich zu gedulden beliebten, bis sie werden dahin kommen*. Da aber unser Schicksal in der künftigen Welt vermuthlich sehr darauf ankommen mag, wie wir unsern Posten in der gegenwärtigen verwaltet haben, so schließe ich mit demjenigen, was *Voltaire* seinen ehrlichen *Candide* nach so viel unnützen Schulstreitigkeiten zum Beschlusse sagen läßt: *Laßt uns unser Glück besorgen, in den Garten gehen und arbeiten!*